新装版

聞いてマネしてどんどん覚える

キクタン
接客英会話
【飲食編】

アルク
www.alc.co.jp

英語は聞いて覚える！
アルク・キクタンシリーズ

「読む」だけでは、言葉は決して身につきません。私たちが日本語を習得できたのは、赤ちゃんのころから日本語を繰り返し「聞いて」きたから──『キクタン』シリーズは、この「当たり前のこと」にこだわり抜いた単語集・熟語集・フレーズ集です。「読んでは忘れ、忘れては読む」──そんな悪循環とはもうサヨナラです。「聞いて覚える」、そして「読んで理解する」、さらに「使って磨く」──英語習得の「新しい1歩」が、この1冊から必ず始まります！

Preface
短期間で、
接客英会話が身につくには
理由があります!

飲食に関わる接客業務上 英語が必要な「シーン」で 遭遇する「単語」と 「会話」を選定

年々増加する海外からのお客様。何とか英語を使ってご満足いただける応対をしたい——本書は、接客の現場に従事する人のそんな願いをかなえるための1冊です。では、お客様との応対が必要となる「シーン」は? さらにその場面で必要となる「フレーズ」は? 本書の企画の第1歩は、この「シーン」と「フレーズ」を絞り込むことからスタートしました。

まずは「シーン」。本書では「予約」「来店」「注文」「配膳」「会計」「見送り」など、主な飲食業における基本的なシーンをピックアップ。海外からのお客様によく聞かれる、または、説明が必要となる状況をカバーしました。

次に「フレーズ」は、これらのシーンにおいてお客様と会話するために必要な定型フレーズを選定。フレーズに含まれる重要な単語や表現も合わせて学びます。巻末には関連語彙も収録しました。

「聞く」→「聞く」→ 「真似る(=音読する)」 の「3ステップ学習」で フレーズが自然と身につく!

こうして選ばれたフレーズや語彙をどうすれば「使える=話せる」ようになるのでしょうか? ここで思い出したいのが、私たちが日本語を「話せる」ようになった過程です。赤ちゃんは、周りの人の話を「聞き」、「真似る」ことで、少しずつ「話せる」ようになります。この自然な過程がとても大切です。

本書は、付属の音声を使い、①「単語を聞く」→②「フレーズをダイアログで聞く」→③「フレーズをロールプレイで真似る」という3ステップの学習法を採用。これにより、日本語を身につけたのと同じ自然な過程で英会話力を養うことができます。また、①「単語を聞く」際には、音楽に乗りながら語彙を覚える「チャンツ」が使われている他、①②では日本語訳の音声も収録しているので、学習に慣れたら、音声だけで学ぶこともできます。こうして無理なく継続して学んでいくうちに、「話す」「聞く」力が身についてくるはずです。頑張りましょう!

Contents

飲食店で外国人のお客様への対応「59シーン」で必要な「207フレーズ」を、短い会話形式でマスター!

Chapter 2
席を案内する～注文を取る　Page 41 ▶ 77

「案内・注文」の定番フレーズ　まずはコレだけ!

Chapter 3
食事を運ぶ〜追加の対応　Page 79 ▶ 101

「配膳·追加注文」の定番フレーズ　まずはコレだけ!

Chapter 4
お会計～見送り　Page 103 ▶ 125

Chapter 5
不手際・トラブルに対応する　Page 127 ▶ 151

「トラブル対応」の定番フレーズ　まずはコレだけ!

記号説明

》**DL-001**　「ダウンロード音声のトラック001 を呼び出してください」という意味です。

だから、覚えられる！話せる！
本書の４大特長

1
予約、席の案内や注文、配膳、会計など英語が必要なシーンを選定！

だから

飲食店の接客で使える！無駄なく覚えられる！

会話やフレーズの選定にあたっては、飲食店で外国人のお客様との英語での応対が必要となるシーンを選びました。例えば「予約」「座席案内」「注文」「料理の提供」「会計」「お見送り」などは、外国人のお客様にわかりやすく説明したいものです。本書では、こうした59シーンで展開される会話で必要となるフレーズを学びます。

2
まずは、チャンツのリズムに乗って、楽しく単語を耳からインプット！

だから

「聞く単（キクタン）」！しっかり身につく！

最初の学習では、右ページの会話（ダイアログ）で学習するフレーズの中から、重要な単語や語句を学びます。決して難しくない単語でも、聞き取れなかったり、うまく発音できなかったりするものです。本書では、音楽のリズムに乗りながら単語を無理なく習得できる「チャンツ学習」を採用。「目」と「耳」から同時に単語をインプットし、さらに「口」に出すことで、会話につながる単語力が身につきます。

『キクタン接客英会話【飲食編】』に登場するのは、飲食店で「あなた」が「お客様」と英語で話さなければいけないシーンばかりです。それらのシーンに必要なフレーズを、いかに効率的に「覚える」か、いかに「話せるようになる」か——このことを本書は重視しました。ここでは、なぜ覚えられるのか、そしてなぜ話せるようになるのかに関して、本書の特長をご紹介します。
※本書の内容は、学習上の便宜を考慮して作成されたものです。金額などの情報は事実とは異なります。ご了承ください。

3
英語のフレーズを「聞く」→「話す」へ段階的にステップアップ！

だから

自然なかたちで「話せる」ようになる！

「単語や語句」の学習に続いて、次のステップでは、お客様とのやり取りのダイアログを通して会話力をマスターします。まずは、「会話」（ダイアログ）の中で、フレーズを「聞く」そして「覚える」、次にそのフレーズで、「あなた」のパートのフレーズをロールプレイで音読する。——この「3ステップ学習」を何度も繰り返すことで自然とお客様との会話で必要となるフレーズが口から出てくるようになります。

4
1回の学習量は6つの「単語」と「フレーズ」のみに制限

だから

無理なく楽しく学習を続けられる！

「継続は力なり」とはわかっていても、英語学習を続けることは大変なことです。では、なぜ「大変」なのか？　それは、覚えきれないほどの量のフレーズを無理に詰め込もうとするからです。本書では、「話せるようになる」ことを前提に、1回の学習量をあえて6フレーズに抑えています。さらに「英語を話す必要があるシーン」に絞って段階的に学習していきますので、挫折することなく、楽しく続けることができます。

「定番フレーズ」の2ステップ学習と
「各章の本編」の3ステップ学習
本書と音声の利用法

「定番フレーズ まずはコレだけ!」 の構成

Step 1
ダイアログを

聞く

該当のトラックを呼び出して、「英語→日本語」の順に収録されている音声を聞き、定番フレーズとその意味をチェック。

Step 2
ロールプレイで
話す

定番フレーズ

その章の内容に関連する定番接客フレーズが会話形式で掲載されています。

解説

定番フレーズ(「あなた」のセリフ)に関する解説が掲載されています。フレーズが含まれたダイアログを聞く「Step 1」、ダイアログのフレーズ部分をロールプレイで音読する「Step 2」の2段階で、フレーズを「覚える」だけでなく、使って「話せる」ようになることを目指します。

📞 「予約・来店」の定番フレーズ

Step 1 ダイアログを聞く ◊DL-001　　**Step 2** ロールプレイで音読 ◊DL-002

お客様:**Hello. Do you speak English?**
もしもし。英語を話しますか?

あなた:**Yes. May I help you?**
はい。お伺いします。

Do you speak English? には、話せても話せなくてもはっきりと返事をすることが大切。自信がない場合は、Yes, but just a little.「はい、でも少しだけです」、I speak a little English.「私は少し英語を話します」などと言ってみよう。

お客様:**I'd like to make a reservation.**
予約をお願いします。

あなた:**Certainly.**
かしこまりました。

table「席」を使って I'd like a table for two this Friday.「今週の金曜日に2名で予約したいのですが」と言われることもある。Certainly. は「かしこまりました」と依頼や注文に応じる表現。よくくだけた Sure. も一緒に覚えて状況によって使い分けよう。

あなた:**Hello. Do you have a reservation?**
いらっしゃいませ。ご予約はされていますか?

お客様:**No, we don't. Do you have a table for four?**
いいえ、していません。4人分の席は空いていますか?

「いらっしゃいませ」は Hello. や Hi、時間帯に応じて Good morning.(朝)、Good afternoon.(正午以降)、Good evening.(夕方以降)を使おう。Do you have a table for ~ ? はお客様の人数を尋ねる表現。「~」の部分の数字を聞き取ろう。

お客様:**No, we don't. Do you have a table for four?**
いいえ、していません。4人分の席は空いていますか?

「いらっしゃいませ」は Hello. や Hi、時間帯に応じて Good morning.(朝)、Good afternoon.(正午以降)、Good evening.(夕方以降)を使おう。Do you have a table for ~ ? はお客様の人数を尋ねる表現。「~」の部分の数字を聞き取ろう。

各 Chapter の最初にある「耳慣らし」「口慣らし」のコーナー。

該当のトラックを呼び出します。太線で囲まれた「あなた」のフキダシ中の学習フレーズ以外は英語だけが読まれます。「あなた」の学習フレーズは日本語訳になっていますので、訳の後の発信音に続いてフレーズを音読しましょう。

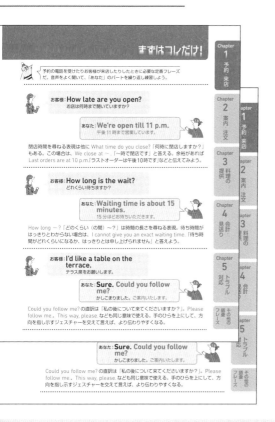

まずはコレだけ!

予約の電話を受けたりお客様が来店したりしたときに必要な定番フレーズだ。音声をよく聞いて、「あなた」のパートを繰り返し練習しよう。

お客様:**How late are you open?**
お店は何時まで開いていますか?

あなた:**We're open till 11 p.m.**
午後11時まで営業しています。

閉店時間を尋ねる表現は他に What time do you close?「何時に閉店しますか?」もある。この場合は、We close at ~.「~時で閉店です」と答える。余裕があれば Last orders are at 10 p.m.「ラストオーダーは午後10時です」などと伝えてみよう。

お客様:**How long is the wait?**
どれくらい待ちますか?

あなた:**Waiting time is about 15 minutes.**
15分ほどお待ちいただきます。

How long ~?「どのくらい(の間)~?」は時間の長さを尋ねる表現。待ち時間がはっきりとわからない場合は、I cannot give you an exact waiting time.「待ち時間がどれくらいになるか、はっきりとは申し上げられません」と答えよう。

お客様:**I'd like a table on the terrace.**
テラス席をお願いします。

あなた:**Sure. Could you follow me?**
かしこまりました。ご案内いたします。

Could you follow me? の直訳は「私の後について来てくださいますか?」。Please follow me.、This way, please. なども同じ意味で使える。手のひらを上にして、方向を指し示すジェスチャーを交えて言えば、より伝わりやすくなる。

Chapter 1 予約・来店	Chapter 1 予約・来店
Chapter 2 案内・注文	Chapter 2 案内・注文
Chapter 3 料理の提供	Chapter 3 料理の提供
Chapter 4 会計・見送り	Chapter 4 会計
Chapter 5 トラブル対応	Chapter 5 トラブル対応
	本の他の語彙・フレーズ

How may I help you?
どうなさいましたか?

Could we change tables?
席を替えてもらいたいのですが。

あなた:**Sure. Could you follow me?**
かしこまりました。ご案内いたします。

Could you follow me? の直訳は「私の後について来てくださいますか?」。Please follow me.、This way, please. なども同じ意味で使える。手のひらを上にして、方向を指し示すジェスチャーを交えて言えば、より伝わりやすくなる。

各章の本編の構成

Step 1
チャンツを
聞く

該当のトラックを呼び出して、「英語→日本語→英語」の順に収録されている「チャンツ」を聞き、重要単語・表現とその意味をチェック。

Step 2
ダイアログを
聞く

重要語句

そのシーンで重要な単語・表現が、各シーンに 6 つずつ掲載されています。見出しと定義に一通り目を通したら、「チャンツ」を聞きましょう。これらの単語・表現は右ページのダイアログの下線部に登場します。

定義と解説

重要単語・表現の定義と解説が掲載されています。意味や関連語、使い方は、接客の場面でよく用いられるものを中心に取り上げています。
色文字は、フレーズで使われている意味を扱っています。意味の前の記号は、品詞を表しています。
動 ＝動詞、名 ＝名詞、形 ＝形容詞、副 ＝副詞、接 ＝接続詞、前 ＝前置詞、代 ＝代名詞です。

12 ▶ 13

---

1 何月何日に何名様ですか?

Step 1 チャンツで重要単語・表現を覚える♪DL-003

☐ 001
speak
/spíːk/

動 ～ （ある言語）を話す、(人が直接または電話などで)**話す、しゃべる**
▶ 語形 過去: spoke /spóuk/ ｜ 過去分詞: spoken /spóukən/

☐ 002
I'd like to ～

～したい

☐ 003
make a reservation

予約する

☐ 004
Certainly.
/sə́ː(r)tnli/

かしこまりました。／承知しました。／**もちろんです。**

☐ 005
when
/(h)wén ｜ wén/

接 いつ、**何時に、どんな場合に**

☐ 006
how many

どれくらい、**どれほど**

●how many は可算名詞の複数形と共に用い、不可算名詞にはhow much を用いる

18 ▶ 19

Certainly.
/sə́ː(r)tnli/

☐ 005
when
/(h)wén ｜ wén/

☐ 006
how many

Feel free to relax.
ごゆっくりどうぞ。

Thank you.
ありがとうございます。

該当のトラックを呼び出して、Step 1で学習した単語・表現を使ったダイアログ(会話)を聞きます。「お客様」と「あなた」のセリフの「英語→日本語訳」が交互に収録されています。色字が学習フレーズです。

Step 3
ロールプレイで
話す

該当のトラックを呼び出します。ダイアログ中の学習フレーズ以外は英語だけが読まれます。学習フレーズの部分は日本語訳になっていますので、訳の後の発信音に続いて英語のフレーズを話しましょう。

* Step 1の「チャンツ」、Step 2の「ダイアログ」、Step 3の「ロールプレイ」は、シーンごとにトラックが異なります

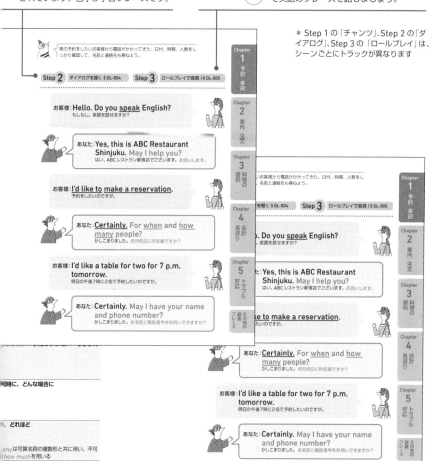

席の予約をしたいお客様から電話がかかってきた。日付、時間、人数をしっかり確認して、名前と連絡先も尋ねよう。

Step 2 ダイアログを聞く ◆DL-004　　Step 3 ロールプレイで音読 ◆DL-005

お客様：**Hello. Do you speak English?**
もしもし、英語を話せますか?

あなた：**Yes, this is ABC Restaurant Shinjuku. May I help you?**
はい、ABC レストラン新宿店でございます。お伺いします。

お客様：**I'd like to make a reservation.**
予約をしたいのですが。

あなた：**Certainly. For when and how many people?**
かしこまりました。何月何日に何名様ですか?

お客様：**I'd like a table for two for 7 p.m. tomorrow.**
明日の午後7時に2名で予約したいのですが。

あなた：**Certainly. May I have your name and phone number?**
かしこまりました。お名前と電話番号をお伺いできますか?

Chapter 1 予約・来店
Chapter 2 案内・注文
Chapter 3 料理の提供
Chapter 4 会計・見送り
Chapter 5 トラブル対応
その他の基本フレーズ

時に、どんな場合に

、どれほど

anyは可算名詞の複数形と共に用い、不可
how muchを用いる

ダウンロード音声について

本書の学習に必要な音声は、すべてお手持ちのスマートフォンやパソコンにダウンロードしてお聞きいただけます。

本書では、トラック「001」であれば

))) DL-001

のように表示しています。

音声のダウンロード方法

■スマートフォンの場合

アルクの英語学習アプリ「booco」を使うと、本書の音声をさまざまな方法で聞くことができます。
① 以下の URL・QR コードから booco をインストールする。
② booco を起動し、ホーム画面上の「さがす」をタップして商品コード「7024061」で本書を検索して、音声ファイルをダウンロードする。

https://booco.page.link/4zHd

■パソコンの場合

パソコンに音声をダウンロードし、音声プレーヤーで聞くことができます。
① 以下の URL にアクセスする。
② 商品コード「7024061」で本書を検索し、音声ファイルをダウンロードする。

アルク「ダウンロードセンター」
https://portal-dlc.alc.co.jp/

＊ booco およびダウンロードセンターのサービス内容は、予告なく変更する場合があります。
あらかじめご了承ください。

Chapter 1
予約を受ける〜来店に対応する

この Chapter では、お客様からの予約電話に対応するときや、来店時にお客様をお迎えするときに重要なフレーズを学習します。

Chapter
1
予約・来店

Chapter
2
案内・注文

Chapter
3
料理の・提供

Chapter
4
会計・見送り

Chapter
5
トラブル対応

その他の語彙・フレーズ

例えばこんなフレーズ！

「予約・来店」の定番フレーズ

Step 1 ダイアログを聞く))) DL-001　　Step 2 ロールプレイで音読！))) DL-002

お客様：Hello. Do you speak English?
もしもし。英語を話しますか？

あなた：Yes. May I help you?
はい。お伺いします。

Do you speak English? には、話せても話せなくてもはっきりと返事をすることが大切。
自信がない場合は、Yes, but just a little. 「はい、でも少しだけです」、I speak a little English. 「私は少し英語を話します」などと言ってみよう。

お客様：I'd like to make a reservation.
予約をお願いします。

あなた：Certainly.
かしこまりました。

table 「席」を使って I'd like a table for two this Friday. 「今週の金曜日に2名で予約したいのですが」と言われることもある。Certainly. は「かしこまりました」と依頼や注文に応じる表現。よりくだけた Sure. も一緒に覚えて状況によって使い分けよう。

あなた：Hello. Do you have a reservation?
いらっしゃいませ。ご予約はされていますか？

お客様：No, we don't. Do you have a table for four?
いいえ、していません。4人分の席は空いていますか？

「いらっしゃいませ」は Hello. や Hi.、時間帯に応じて Good morning. （朝）、Good afternoon. （正午以降）、Good evening. （夕方以降）を使おう。Do you have a table for ～ ? はお客様の人数を尋ねる表現。「～」の部分の数字を聞き取ろう。

まずはコレだけ!

Chapter 1 予約・来店

Chapter 2 案内・注文

Chapter 3 料理の提供

Chapter 4 会計・見送り

Chapter 5 トラブル対応

その他の語彙・フレーズ

予約の電話を受けたりお客様が来店したりしたときに必要な定番フレーズだ。音声をよく聞いて、「あなた」のパートを繰り返し練習しよう。

お客様:How late are you open?
お店は何時まで開いていますか?

あなた:We're open till 11 p.m.
午後11時まで営業しています。

閉店時間を尋ねる表現は他に What time do you close?「何時に閉店しますか?」もある。この場合は、We close at 〜 .「〜時で閉店です」と答える。余裕があれば Last orders are at 10 p.m.「ラストオーダーは午後10時です」などと伝えてみよう。

お客様:How long is the wait?
どれくらい待ちますか?

あなた:Waiting time is about 15 minutes.
15分ほどお待ちいただきます。

How long 〜?「どのくらい(の間)〜?」は時間の長さを尋ねる表現。待ち時間がはっきりとわからない場合は、I cannot give you an exact waiting time.「待ち時間がどれくらいになるか、はっきりとは申し上げられません」と答えよう。

お客様:I'd like a table on the terrace.
テラス席をお願いします。

あなた:Sure. Could you follow me?
かしこまりました。ご案内いたします。

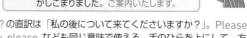

Could you follow me? の直訳は「私の後について来てくださいますか?」。Please follow me.、This way, please. なども同じ意味で使える。手のひらを上にして、方向を指し示すジェスチャーを交えて言えば、より伝わりやすくなる。

1 何月何日に何名様ですか?

□ 001
speak
/spíːk/

動 ～ (ある言語) **を話す**、(人が直接または電話などで) **話す、しゃべる**

▶ 活用 過去：spoke /spóuk/ ｜ 過去分詞：spoken /spóukən/

□ 002
I'd like to ～

▶ ～したい

□ 003
**make a
reservation**

▶ 予約する

□ 004
Certainly.
/sə́ː(r)tnli/

▶ かしこまりました。／承知しました。／もちろんです。

□ 005
when
/(h)wén ｜ wén/

▶ 副 いつ、**何時に、どんな場合に**

□ 006
how many

▶ どれくらい、どれほど

● how manyは可算名詞の複数形と共に用い、不可算名詞にはhow muchを用いる

席の予約をしたいお客様から電話がかかってきた。日付、時間、人数をしっかり確認して、名前と連絡先も尋ねよう。

Chapter
1
予約・来店

Chapter
2
案内・注文

Chapter
3
料理の提供

Chapter
4
会計・見送り

Chapter
5
トラブル対応

その他の語彙・フレーズ

Step 2 ダイアログを聞く))) DL-004   **Step 3** ロールプレイで音読！))) DL-005

お客様：**Hello. Do you <u>speak</u> English?**
もしもし。英語を話せますか？

あなた：**Yes, this is ABC Restaurant Shinjuku. May I help you?**
はい、ABC レストラン新宿店でございます。お伺いします。

お客様：**<u>I'd like to</u> <u>make a reservation</u>.**
予約をしたいのですが。

あなた：**<u>Certainly.</u> For <u>when</u> and <u>how many</u> people?**
かしこまりました。何月何日に何名様ですか？

お客様：**I'd like a table for two for 7 p.m. tomorrow.**
明日の午後7時に2名で予約したいのですが。

あなた：**Certainly. May I have your name and phone number?**
かしこまりました。お名前と電話番号をお伺いできますか？

Step 1 チャンツで重要単語・表現を覚える》DL-006

□ 007
nonsmoking section ▸

禁煙席

□ 008
smoke free ▸

禁煙の

□ 009
good
/gúd/ ▸

形 **うれしい、**（質・内容・程度などが）**良い、おいしい**
比較：better /bétə(r)/｜最上：best /bést/

□ 010
Would you like ～? ▸

～はいかがですか?

□ 011
regular
/régjələ(r)/ ▸

形 **通常の、いつもの**

□ 012
please
/plí:z/ ▸

副 **どうぞ**（～してください）

電話で予約をしてきたお客様が、禁煙席を希望している。また、お座敷席は
日本ならでは。確認して、選んでもらおう。来店時でもあり得るシーンだ。

Step 2 ダイアログを聞く 》DL-007 **Step 3** ロールプレイで音読！》DL-008

あなた：**For how many people?**
何名様でしょうか？

お客様：**Three of us. Do you have a table in the <u>nonsmoking section</u>?**
3人です。禁煙席はありますか？

あなた：**Yes, our restaurant is <u>smoke free</u>.**
はい、私たちのレストランは完全禁煙です。

お客様：**That's <u>good</u> to know.**
それはいいですね。

あなた：**<u>Would you like</u> a <u>regular</u> table or a table in the tatami area?**
テーブル席とお座敷席のどちらがよろしいですか？

お客様：**In the tatami area, <u>please</u>.**
お座敷席でお願いします。

□ 013
check
/tʃék/
▶
働 **確認する、調べる**

□ 014
Sure.
/ʃúə(r) | ʃɔ́ː/
▶
はい。／**わかりました**(返答)。／**どういたしまして**(お礼・おわびへの返答)。

□ 015
I'm sorry ～
▶
あいにくですが～

□ 016
fully
/fúli/
▶
働 **完全に、十分に**

□ 017
book
/búk/
▶
働 ～ (部屋・席など) **を予約する**

□ 018
How about ～?
▶
～はいかがですか?／ ～ (して) **はどうですか?**／
～ (について) **はどうですか?**

お客様が希望する予約時間は、あいにくもう満席。申し訳ないという気持ちは丁寧に伝えよう。

Chapter 1 予約・来店

Chapter 2 案内・注文

Chapter 3 料理の提供

Chapter 4 会計・見送り

Chapter 5 トラブル対応

その他の語彙・フレーズ

Step 2 ダイアログを聞く 》DL-010   Step 3 ロールプレイで音読！》DL-011

お客様：**I'd like a table for four people this Friday at 7 p.m.**
今週の金曜日の午後7時に4名で予約したいのですが。

あなた：**Please wait a moment while I check.**
確認いたしますので少々お待ちください。

お客様：**Sure.**
わかりました。

あなた：**I'm sorry we are fully booked then.**
申し訳ございません、その時間は予約がいっぱいです。

お客様：**How about 8 p.m.?**
午後8時はどうですか？

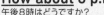

あなた：**Yes, we have a table open then.**
はい、その時間にはお席をご用意できます。

4 ご予約はされていらっしゃいますか?

Step 1 チャンツで重要単語・表現を覚える 》DL-012

....

□ 019
sir
/sə́:(r) ; ((弱))sə(r)/
▶

名 **旦那様、**(男性の)**お客様**

● 女性客には ma'am を使う

□ 020
need
/ní:d/
▶

動 **〜が必要である、〜を必要とする**

□ 021
high chair
▶

子ども用の椅子

□ 022
great
/gréit/
▶

形 **素晴らしい、すてきな、たくさんの、とても大きい、**(人・功績などが)**偉大な**

□ 023
get
/gét/
▶

動 **〜を**(〜の状態に)**する、**(〜の状態に)**なる、〜を得る**

□ 024
ready
/rédi/
▶

形 **用意ができた、支度ができた**

予約のないお客様が来店。人数を聞いて、席が用意できるかどうか、確認
しよう。お子様用の椅子もこちらからお勧めできるようにしておきたい。

Chapter
1
予約・来店

Chapter
2
案内・注文

Chapter
3
料理の提供

Chapter
4
会計・見送り

Chapter
5
トラブル対応

その他の語彙・フレーズ

Step 2 ダイアログを聞く 》DL-013　　　**Step 3** ロールプレイで音読！》DL-014

お客様：**Hello.**
こんにちは。

あなた：**Good evening. Do you have a reservation?**
いらっしゃいませ。ご予約はされていらっしゃいますか？

お客様：**No, we don't. Do you have a table for three?**
いいえ、していないんです。3人分の席は空いていますか？

あなた：**Yes, <u>sir</u>. Do you <u>need</u> a <u>high chair</u> for the baby?**
はい、お席はご用意できます。お子様は子ども用の椅子をご利用ですか？

お客様：**Thank you. That would be <u>great</u>.**
ありがとうございます。それはありがたいです。

あなた：**Just a moment, please. We'll <u>get</u> your table <u>ready</u>.**
少々お待ちください。ただ今、お席の準備をいたします。

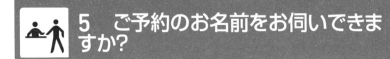

Step **1** チャンツで重要単語・表現を覚える》DL-015

□ 025
Good afternoon.

こんにちは。

▶

⊕お店などで「いらっしゃいませ」の意味で使われることもある

□ 026
online
/ánláin | ɔ́n-/

▶

圓 **オンラインで、インターネットで**

□ 027
expect
/ikspékt/

▶

圓 (be expectingで) 〜 (人・物・事) **が来る** (起こる、出る) **のを待っている、〜を予期する、〜を期待する**

□ 028
Shall I 〜 ?

▶

〜しましょうか?

□ 029
take
/téik/

▶

圓 **〜を持って行く、〜を連れて行く、〜を取り去る**

活用 過去：took /túk/ | 過去分詞：taken /téikən/

□ 030
coat
/kóut/

▶

图 **コート、上着**

インターネットから予約をしたお客様が来店。相手の名前（姓）を呼ぶときは、男性には Mr.、女性には Ms. を付けるのを忘れずに。

Chapter 1 予約・来店

Chapter 2 案内・注文

Chapter 3 料理の提供

Chapter 4 会計・見送り

Chapter 5 トラブル対応

その他の語彙・フレーズ

Step 2 ダイアログを聞く 》DL-016　**Step 3** ロールプレイで音読！》DL-017

あなた：<u>Good afternoon.</u> May I help you?
いらっしゃいませ。お伺いいたします。

お客様：Hi, I made a reservation online.
こんにちは、インターネットで予約した者です。

あなた：Certainly. What name is the reservation under?
かしこまりました。ご予約のお名前をお伺いできますか？

お客様：The reservation is under Cho.
チョーの名で予約しています。

あなた：Yes, Mr. Cho. We've been <u>expecting</u> you. <u>Shall I take</u> your <u>coat</u>?
はい、チョー様。お待ちしておりました。コートをお預かりしましょうか？

お客様：Thank you.
ありがとうございます。

6 本日の営業は終了しました。

□ 031
still
/stíl/
▶
圖 まだ、**なお、今でも、やはり**

□ 032
I'm afraid ~
▶
残念ながら（申し上げにくいのですが）~

□ 033
closed
/klóuzd/
▶
圈 閉店した、**休業した、閉じた**

□ 034
What time ~?
▶
~は何時からですか?

□ 035
dinner
/dínə(r)/
▶
圀 食事、**ディナー、宴会**

□ 036
look forward to ~ ing
▶
~するのを楽しみに待つ、~を期待する

営業終了後にお客様が来店した。店の営業時間は正確に伝え、次の機会につなげよう。丁寧な対応で笑顔を忘れずに。

Chapter 1 予約・来店

Chapter 2 案内・注文

Chapter 3 料理の提供

Chapter 4 会計・見送り

Chapter 5 トラブル対応

その他の語彙・フレーズ

Step 2 ダイアログを聞く ⟩ DL-019　　　**Step 3** ロールプレイで音読！⟩ DL-020

お客様：**Are you <u>still</u> open?**
まだ営業していますか？

あなた：**I'm afraid we are closed for today.**
申し訳ございません、本日の営業は終了しました。

お客様：**<u>What time</u> do you open for <u>dinner</u>?**
ディナーの営業は何時からですか？

あなた：**We open for dinner at five thirty.**
ディナーの営業は5時30分からです。

お客様：**OK. We'll come again tomorrow.**
わかりました。明日また来ます。

あなた：**I'm sorry. We're <u>looking forward to seeing</u> you tomorrow.**
申し訳ございません。明日のお越しをお待ちしております。

7 席のご希望はございますか?

Step **1** チャンツで重要単語・表現を覚える ♪ DL-021

□ 037
There are ~

~がある、~がいる

▶

⊕ ~に単数名詞が来る場合は There is ~

□ 038
party
/páː(r)ti/

▶

名 **一団、**（行動を共にする）**一行**

□ 039
where
/(h)éə(r) | wéə/

▶

副 **どこに、どこで、どこへ**

□ 040
sit
/sít/

▶

動 **座る**
活用 過去・過去分詞：sat /sǽt/

□ 041
terrace
/térəs/

▶

名 （家屋の）**テラス**

⊕ ~庭に張り出した舗装された空間を指す

□ 042
fine
/fáin/

▶

形 **満足できる、結構な、元気な、素晴らしい**

空席に余裕がある場合は、お客様に席の希望を聞いてみよう。気持ち良く食事を楽しんでもらえるはず。

Chapter 1 予約・来店

Chapter 2 案内・注文

Chapter 3 料理の提供

Chapter 4 会計・見送り

Chapter 5 トラブル対応

その他の語彙・フレーズ

Step 2 ダイアログを聞く ») DL-022　　　**Step 3** ロールプレイで音読！») DL-023

あなた：**Good morning. How many people <u>are there</u> in your <u>party</u>?**
いらっしゃいませ。何名様ですか？

お客様：**There are four of us.**
4人です。

あなた：**<u>Where</u> would you like to <u>sit</u>?**
席のご希望はございますか？

お客様：**We'd like a table on the <u>terrace</u>.**
テラス席をお願いします。

あなた：**Sure. Is that table over there okay with you?**
かしこまりました。あちらの席でよろしいですか？

お客様：**Yes, that's <u>fine</u>.**
はい、大丈夫です。

8 お席は離れても大丈夫ですか?

□ 043
hi
/hái/
▶

國こんにちは、やあ

□ 044
join
/dʒɔ́in/
▶

働～(人)と合流する、～と落ち合う、～(組織・団体など)に入る、～(活動など)に参加する

□ 045
Would you mind ～ ing?
▶

～していただけませんか?

●了承する場合の返答はNo. (いいですよ)

□ 046
separately
/sépəritli/
▶

働別々に、それぞれに

□ 047
show
/ʃóu/
▶

働～(人)を案内する、～(物)を見せる、～(人)に…(方法・道など)を教える

□ 048
way
/wéi/
▶

图方向、方角

店内が混んでいて人数分の席が用意できない。分かれて座ることになっても構わないか、お客様に確認しよう。separately の発音は正確に。

Chapter
1
予約・来店

Chapter
2
案内・注文

Chapter
3
料理の提供

Chapter
4
会計・見送り

Chapter
5
トラブル対応

その他の語彙・フレーズ

Step 2 ダイアログを聞く 》DL-025 **Step 3** ロールプレイで音読！》DL-026

お客様：<u>Hi</u>. We don't have a reservation, but do you have a table for us?
こんにちは。予約をしていないのですが、席はありますか？

あなた：How many in your party?
何名様ですか？

お客様：There are five of us now, and two more will be <u>joining</u> us.
今は5人ですが、後から2人来ます。

あなた：<u>Would you mind sitting separately</u>?
お席は離れても大丈夫ですか？

お客様：No, we don't mind.
大丈夫です。

あなた：Thank you. I'll <u>show</u> you to your table. Please come this <u>way</u>.
ありがとうございます。お席へご案内します。こちらへどうぞ。

□ 049
wear
/wéə(r)/

動 ～（衣服・装飾品・靴など）**を身に着けている、着ている**

▶ 活用 過去：wore /wɔ́ː(r)/ ｜ 過去分詞：worn /wɔ́ː(r)n/

□ 050
take off ～

～（服・靴など）**を脱ぐ**

▶

□ 051
put
/pút/

動 ～**を**（ある場所・位置に）**置く、～を載せる**
活用 過去・過去分詞：put

▶

□ 052
shoe locker

靴箱

▶

□ 053
pull ～ out

～を抜く

▶

□ 054
Here's ～ .

ここに～がある。／～をどうぞ。

▶

⊕ ～に複数名詞が来る場合は Here are ～ .となる

店に靴を脱いで上がる経験がないお客様もいる。下駄箱を使うのも初めてかもしれない。実演も交えながら、丁寧に案内しよう。

Chapter
1
予約・来店

Chapter
2
案内・注文

Chapter
3
料理の提供

Chapter
4
会計・見送り

Chapter
5
トラブル対応

その他の語彙・フレーズ

Step 2 ダイアログを聞く 》 DL-028   **Step 3** ロールプレイで音読！》 DL-029

お客様：**Can I <u>wear</u> my shoes in here?**
ここでは靴を履いたままでいいんですか？

あなた：**No, I'm afraid you can't. Please take off your shoes here.**
申し訳ございませんが、それはできません。お履物はこちらでお脱ぎください。

お客様：**Where do I <u>put</u> them?**
靴をどこに置けばいいですか？

あなた：**Please put them in this <u>shoe locker</u>.**
こちらの靴箱にお入れください。

お客様：**How does it work?**
どのような仕組みになっているのですか？

あなた：**This is the key and you <u>pull</u> it <u>out</u>, and then it will be locked. Here's your key.**
これが鍵で、引き抜くと鍵が掛かります。こちらがお客様の鍵です。

Step 1 チャンツで重要単語・表現を覚える》DL-030

□ 055
full
/fúl/
▶

形 （場所・乗り物などが）満員の、満席の、いっぱいの

□ 056
right now
▶

ちょうど今（は）、現在（は）、今すぐ、すぐに

□ 057
How long ～?
▶

（期間は）どれくらい～?

□ 058
have to ～
▶

～しなければならない

□ 059
waiting time
▶

待ち時間

□ 060
write
/ráit/
▶

動 ～（文字・数字など）を書く
活用 過去：wrote /róut/ ｜過去分詞：written /rítn/

人気とのうわさを聞きつけて来店したお客様だが、あいにく満席。待てるようなら、待ち時間をお伝えし、名前を確認しておこう。

Chapter
1
予約・来店

Chapter
2
案内・注文

Chapter
3
料理の提供

Chapter
4
会計・見送り

Chapter
5
トラブル対応

その他の語彙・フレーズ

Step 2 ダイアログを聞く))) DL-031   **Step 3** ロールプレイで音読！))) DL-032

あなた：**I'm afraid** we are <u>full</u> <u>right now</u>.
申し訳ございません、現在満席です。

お客様：<u>How long</u> do we <u>have to</u> wait?
どのくらい待ちますか？

あなた：<u>Waiting time</u> is about 20 minutes.
20分ほどお待ちいただくと思います。

お客様：**OK, I'll wait here.**
わかりました、ここで待ちます。

あなた：Please <u>write</u> your name here and wait.
こちらにお名前を書いてお待ちください。

お客様：**Sure.**
わかりました。

11 お待ちの間、メニューをご覧になりますか?

□ 061
single line
　　　　　▶

1列

□ 062
Would you like to ～?
　　　　　▶

～していただけますか?／～するのはいかがですか?

□ 063
have a look at ～
　　　　　▶

～を見る

□ 064
menu
/ménjuː/
　　　　　▶

名 (レストランなどの) **メニュー**、**献立表**

□ 065
thank you for ～ ing
　　　　　▶

～を (～してくれて) **ありがとう** (ございます)

□ 066
follow
/fálou | fól-/
　　　　　▶

動 **～について行く**、**～について来る**

お客様に、行列に並んで待ってもらうことになった。メニューを渡し、席に着いたらテンポよくオーダーが取れるようにご案内しよう。

Chapter 1 予約・来店

Chapter 2 案内・注文

Chapter 3 料理の提供

Chapter 4 会計・見送り

Chapter 5 トラブル対応

その他の語彙・フレーズ

Step 2 ダイアログを聞く 》DL-034　　**Step 3** ロールプレイで音読！》DL-035

お客様：**We'll wait for a table.**
席が空くまで待ちます。

あなた：**Certainly. Please make a <u>single line</u> here while you wait.**
かしこまりました。こちらに1列に並んでお待ちください。

お客様：**All right.**
わかりました。

あなた：<u>**Would you like to**</u> **have a look at the <u>menu</u> while you are waiting?**
お待ちの間、メニューをご覧になりますか?

お客様：**I'd love to, thank you.**
はい、ありがとうございます。

あなた：**Ms. Rossi, <u>thank you for waiting</u>. Your table is ready. Please <u>follow</u> me.**
ロッシ様、お待たせいたしました。お席の準備ができました。ご案内いたします。

Column 1
言えたら便利!とっさのフレーズ集1

救急編

とっさに言えたらお客様の助けになること間違いなし!のフレーズをご紹介。
ここでは、お客様の病気やケガに対応できるひと言を紹介します。

大丈夫ですか?
Are you all right?

気分が悪そうなお客様には、このように声をかけて。Do you feel sick?(ご気分が悪いのですか?)もあり。とげとげしく聞こえないように、やさしく発音しましょう。

- -

ソファまで歩けますか?
Can you walk over to the sofa?

sofa の代わりに、chair(椅子)、bench(ベンチ)などを使っても。Why don't you sit down over there?(あちらに座りませんか?)という言い方もあります。

- -

お水をお持ちしましょうか?
Would you like me to bring you some water?

Would you like me to ~(~しましょうか?)は、助けを申し出る表現。Should I ~?でも OK。Please stay here and relax.(ここで安静にしていてください)などと、続けましょう。

- -

絆創膏をお持ちします。
I'll get you a bandage.

日本で使われる Band-Aid〔bǽndéid〕という語は、北米の会社の商標・商品名ですが、そちらでも通じます。その他、イギリスなどでは plaster〔plǽstər〕とも言います。

- -

救急車を呼びましょうか?
Should I call an ambulance?

ambulance〔ǽmbjələns〕は、救急車。「110 番/119 番しましょうか?」は、Should I make an emergency call? 深刻そうなら、I'll call a doctor.(お医者さんを呼びます)とはっきり言ってあげた方がよい場合も。

※アメリカ、カナダでは警察・救急・消防はすべて 911 イギリスでは 999 です。

Chapter 2
席を案内する〜注文を取る

この Chapter では、お客様から注文を取ったり、
メニュー内容の説明をしたりするときに重要なフ
レーズをマスターします。

Chapter
1
予約・来店

Chapter
2
案内・注文

Chapter
3
料理の
提供

Chapter
4
会計・
見送り

Chapter
5
トラブル
対応

その他の
語彙・
フレーズ

例えばこんなフレーズ!

「案内・注文」の定番フレーズ

Step **1**　ダイアログを聞く 》DL-036　　　　Step **2**　ロールプレイで音読！》DL-037

お客様：**Hello. Do you have a table for two?**
こんにちは。2人分の席は空いていますか？

あなた：**Yes. Please sit anywhere you like.**
はい。お好きな席へどうぞ。

来店したお客様を席に案内する表現。特定の場所に案内する場合は、Please take the table ~ .「～お席にどうぞ」の「～」に at the back「奥の」、at the front「手前の」、by the window「窓際の」などを入れて対応しよう。

お客様：**What do you recommend?**
お薦めの品は何ですか？

あなた：**Our recommendation is the assorted sashimi set.**
当店のお薦めは刺し身の盛り合わせです。

recommend は「～を薦める」、recommendation は「お薦めのもの」という意味。「本日のお薦め」は This is today's recommendation.「本日のお薦めはこちらです」、We have ~ today.「今日は～が入っています」などの表現を使ってお客様に伝えよう。

あなた：**Are you ready to order?**
ご注文はお決まりですか？

お客様：**Yes. Seafood spaghetti, please.**
はい。シーフードスパゲティをください。

Are you ready to order? は May I take your order? や What can I get you? でも OK。注文が決まっている場合は、この他に I'd like ~ .、I'll have ~ .「～をください」など、決まっていない場合は、Just a minute, please.「少し待ってください」などの返事が返ってくる。

まずはコレだけ！

お客様を席に案内し、注文を受けることは、飲食店では欠かせない。音声をよく聞いて、「あなた」のパートを繰り返し練習しよう。

お客様：I'll have a deep-fried oyster combo.
カキフライ定食をください。

あなた：I'm sorry, could you say that again?
申し訳ございません、もう一度言っていただけますか？

Could you ～ ? は「～していただけませんか」と丁寧に依頼する表現。I'm sorry, I didn't catch that.「申し訳ございません、聞き取れませんでした」などと言っても OK。catch には「～を聞き取る」という意味もある。

お客様：I'd like today's special.
日替わりメニューをください。

あなた：Certainly. Would you like anything else?
かしこまりました。他にご注文はございますか？

Would you like anything else? の他に省略した形の Anything else? や Will that be all?「ご注文は以上でよろしいですか？」も覚えておこう。これ以上の注文がない場合は、Thank you, I'm fine.、I'm good, thanks.「いいえ、結構です」などの返事がある。

お客様：Can I have a draft beer, too?
生ビールもお願いできますか？

あなた：Sure. Let me confirm your order.
かしこまりました。ご注文を確認いたします。

Let me confirm your order. は注文を確認する際の定番フレーズ。Let me ～ . で「～させてください」の意味。注文を復唱した後に、Is that right?「それでよろしいでしょうか？」と念押しできると、丁寧な上、会話をスムーズに終わらせることができる。

Chapter 1 予約・来店

Chapter 2 案内・注文

Chapter 3 料理の提供

Chapter 4 会計・見送り

Chapter 5 トラブル対応

その他の語彙・フレーズ

1　お席を準備いたします。

Step 1　チャンツで重要単語・表現を覚える》DL-038

□ 067
Excuse me.

▶

失礼ですが。／**すみませんが**（何かを尋ねる場合など）。
／**失礼しました。**

□ 068
Could we ～?

▶

～してもよろしいですか?／～してもらえますか?

□ 069
change
/tʃéindʒ/

▶

働 **～を替える、～を変える、～を交換する、変わ
る**

□ 070
wrong
/rɔ́ːŋ | rɔ́ŋ/

▶

形 （判断・答えなどが）**間違った、誤った**

□ 071
move
/múːv/

▶

働 **動く、移動する**

□ 072
set
/sét/

▶

働 **～を**（場所・位置に）**置く、～を設置する、～を準
備する**
活用 過去・過去分詞：set

「席を移りたい」というお客様。何が問題だったのかを確認し、必要なら謝罪を。席の希望を聞き、移動が可能ならば迅速に準備する旨を伝えよう。

Chapter 1 予約・来店

Chapter 2 案内・注文

Chapter 3 料理の提供

Chapter 4 会計・見送り

Chapter 5 トラブル対応

その他の語彙・フレーズ

Step 2 ダイアログを聞く 》DL-039　　**Step 3** ロールプレイで音読！》DL-040

お客様：**Excuse me.**
すみません。

あなた：**How may I help you?**
どうなさいましたか？

お客様：**Could we change tables?**
席を替えてもらいたいのですが。

あなた：**Certainly. Is there anything wrong?**
かしこまりました。何か問題がございますか？

お客様：**No. We'd just like to move to a table near the window.**
いいえ。ただ、窓際の席に移動したいんです。

あなた：**Sure. I'll set a table for you.**
かしこまりました。お席を準備いたします。

2 こちらがメニューです。

□ 073
combo
/kámbou | kóm-/
▶

❷ セットメニュー、**コンボ**、(皿に盛った料理などの) **組み合わせ**

□ 074
come with ~
▶

~が付いてくる

□ 075
bread
/bréd/
▶

❷ パン、**食パン**

□ 076
look
/lúk/
▶

動 (外見・外観が) **~に見える**、**~と思われる**

□ 077
press
/prés/
▶

動 **~を押す**

□ 078
button
/bʌ́tn/
▶

❷ (機械などの) **ボタン**、(衣服などの) **ボタン**

お客様が着席したら、メニューを提示する。日替わりメニューや特別なサービスがあれば伝えよう。呼び鈴の使い方も教えると親切だ。

Chapter 1 予約・来店

Chapter 2 案内・注文

Chapter 3 料理の提供

Chapter 4 会計・見送り

Chapter 5 トラブル対応

その他の語彙・フレーズ

Step 2 ダイアログを聞く 》DL-042　　**Step 3** ロールプレイで音読！》DL-043

あなた：**Here's the menu.**
こちらがメニューです。

お客様：**Thank you.**
ありがとうございます。

あなた：**This is our today's special. All combos come with rice or bread.**
こちらが本日の日替わりメニューです。全てのセットにライスかパンが付いております。

お客様：**Oh, that looks good.**
ああ、おいしそうですね。

あなた：**Press this button if you need anything.**
ご用の際は、こちらのボタンを押してください。

お客様：**OK, thanks.**
はい、ありがとうございます。

3 ご注文は以上でよろしいですか?

□ 079
catch
/kǽtʃ/

動 〜（発話など）**を聞き取る、〜**（飛んでいる物・ボールなど）
を受け止める、〜を（手で）**つかむ**
▶ 活用 過去・過去分詞：caught /kɔ́:t/

□ 080
Could you 〜?

〜していただけませんか?

□ 081
say
/séi/

動 **〜を言う、 〜を話す、**（手紙・本・新聞・掲示などに）**〜**
と書いてある
▶ 活用 過去・過去分詞：said /séd/

□ 082
order
/ɔ́:(r)də(r)/

名 （飲食物の）**注文、オーダー、順序、順番**
動 **〜を注文する**

□ 083
Let me 〜 .

〜させてください。／〜いたしましょう。

□ 084
confirm
/kənfə́:(r)m/

動 **〜を確認する、〜を証明する**

お客様の注文を受ける。うまく聞き取れなかったら、再度言ってもらうよう丁寧に依頼を。また、メニュー名や数量を復唱する表現を覚えよう。

Chapter 1 予約・来店

Chapter 2 案内・注文

Chapter 3 料理の提供

Chapter 4 会計・見送り

Chapter 5 トラブル対応

その他の語彙・フレーズ

Step 2 ダイアログを聞く 》DL-045　　**Step 3** ロールプレイで音読！》DL-046

お客様：**We'll have two draft beers.**
生ビール2つください。

あなた：**I'm sorry I didn't <u>catch</u> that. <u>Could you say</u> that again?**
申し訳ございません、聞き取れませんでした。もう一度言っていただけますか？

お客様：**Two draft beers, please.**
生ビール2つをお願いします。

あなた：**Certainly. Will that be all?**
かしこまりました。ご注文は以上でよろしいですか？

お客様：**Oh, can I have one <u>order</u> of edamame, too?**
あ、あと枝豆も1つお願いします。

あなた：**Sure. <u>Let me</u> <u>confirm</u> your order. Two draft beers and one order of <u>edamame</u>.**
かしこまりました。ご注文を確認いたします。生ビールが2点、枝豆が1点でございますね。

4 苦手な食材はございますか？

□ 085
allergy
/ǽlə(r)dʒi/
▶

名 アレルギー

❶発音注意！

□ 086
care for ～
▶

～が好きだ、～の世話をする

❶否定文で用いる場合、「～を好まない」「～が好きではない」の意味

□ 087
try
/trái/
▶

動 **～を試みる、～** (飲食物) **を試食する**

□ 088
various kinds of ～
▶

さまざまな種類の～

□ 089
assorted
/əsɔ́:(r)tid/
▶

形 **いろいろな、各種取りそろえた、詰め合わせの**

□ 090
leave ～ out
▶

～ (人・名前、物など) **を除く**

レストラン等では、お客様の食物アレルギーや苦手な食材を確認するのは必須。「○○抜きにできる」という表現も覚えよう。

Chapter
1
予約・来店

Chapter
2
案内・注文

Chapter
3
料理の提供

Chapter
4
会計・見送り

Chapter
5
トラブル対応

その他の語彙・フレーズ

Step 2 ダイアログを聞く 》DL-048   **Step 3** ロールプレイで音読！》DL-049

あなた：Do you have any <u>allergies</u>?
何かアレルギーはございますか？

お客様：No, I don't.
いいえ、ありません。

あなた：Is there anything you don't like to eat?
苦手な食材はございますか？

お客様：I don't <u>care for</u> squid much, but I'd like to <u>try</u> <u>various kinds of</u> sashimi.
イカはあまり好きではないんですが、刺し身はいろいろ食べてみたいです。

あなた：This <u>assorted</u> sashimi set has squid in it, but we can <u>leave</u> it <u>out</u> if you like.
この刺し身盛り合わせにはイカが入っていますが、ご希望でしたら、イカ抜きにできますよ。

お客様：Oh, thank you.
ああ、ありがとうございます。

Step 1 チャンツで重要単語・表現を覚える》DL-050

□ 091
vegetarian
/vèdʒité(ə)riən/
▶

形 菜食主義者用の、野菜だけを用いた

□ 092
dish
/díʃ/
▶

名 料理、食べ物、大皿、盛り皿

□ 093
Here you are.
▶

（物を差し出して）さあどうぞ。／ほら、これですよ。

□ 094
unfortunately
/ʌnfɔ́:(r)tʃənitli/
▶

副 あいにく、不幸にも、残念なことに、悲しいことに

□ 095
green
/gríːn/
▶

形 野菜の葉を使った、緑色の、草木で覆われた

□ 096
kitchen
/kítʃən/
▶

名 （ホテルなどの）調理場、台所、キッチン

食材や調理法に関して、お客様から注文が。応えられない場合は、「申し訳ない」の気持ちを言葉と態度で伝えながら、上手に代案を提案してみよう。

Chapter
1
予約・来店

Chapter
2
案内・注文

Chapter
3
料理の提供

Chapter
4
会計・見送り

Chapter
5
トラブル対応

その他の語彙・フレーズ

Step 2 ダイアログを聞く))) DL-051　　**Step 3** ロールプレイで音読！))) DL-052

お客様：**Do you have any <u>vegetarian</u> food here?**
こちらではベジタリアン向けの料理はありますか？

あなた：**I'm afraid we don't have any <u>vegetarian dishes</u>.**
申し訳ございません、当店にはベジタリアン向け料理がございません。

お客様：**All right. Could I see a menu then?**
わかりました。では、メニューを見せていただけますか？

あなた：**<u>Here you are.</u> Do you eat fish?**
こちらです。魚は召し上がりますか？

お客様：**<u>Unfortunately</u>, no. Could I have this <u>green</u> salad without dressing?**
あいにく、食べないんです。このグリーンサラダをドレッシングなしでいただけますか？

あなた：**Just a moment, please. Let me check with the <u>kitchen</u>.**
少々お待ちください。調理場に聞いてまいります。

□ 097
roast
/róust/
▶

形 焼けた、あぶった、いった

□ 098
highly
/háili/
▶

副 非常に、（評価などが）高く

□ 099
recommend
/rèkəménd/
▶

動 ～を薦める、～を推薦する

□ 100
drink
/dríŋk/
▶

名 飲み物
動 ～を飲む

□ 101
sound
/sáund/
▶

動 ～と思われる、～のようだ、～のように響く

□ 102
choose
/tʃúːz/
▶

動 ～を選ぶ
活用 過去：chose /tʃóuz/ ｜ 過去分詞：chosen /tʃóuzn/

お客様にセットメニューに何が付いているのかを尋ねられた。そんなときは、メニューで写真を示しながら説明し、お得であることを伝えよう。

Chapter
1
予約・来店

Chapter
2
案内・注文

Chapter
3
料理の提供

Chapter
4
会計・見送り

Chapter
5
トラブル対応

その他の語彙・フレーズ

Step 2 ダイアログを聞く))) DL-054   **Step 3** ロールプレイで音読！))) DL-055

お客様：**I'd like the <u>roast</u> beef. It is made with wagyu beef, isn't it?**
ローストビーフをいただきます。和牛で作ったものですよね？

あなた：**Yes, it is. We <u>highly</u> <u>recommend</u> it. Would you like to make it a combo?**
はい、そうです。当店の一押しの品です。セットをお選びいただけますが、いかがですか？

お客様：**What does the combo come with?**
セットには何が付いてくるのですか？

あなた：**A combo comes with soup, salad and a <u>drink</u>.**
セットにはスープとサラダ、ドリンクが付いてきます。

お客様：**<u>Sounds</u> good. Make it a combo, please.**
良さそうですね。セットにしてください。

あなた：**Certainly. You can <u>choose</u> a combo drink here.**
かしこまりました。セットのドリンクは、こちらからお選びいただけます。

7 こちらは期間限定の特別料理です。

□ 103
spaghetti
/spəgéti/
▶

名 スパゲティ

□ 104
sauce
/sɔ́ːs/
▶

名 ソース

● 料理にかける液状のものを指す。調味料の（ウスター）ソースは worcester sauce

□ 105
limited-time
▶

期間限定の

□ 106
delicious
/dilíʃəs/
▶

形 (非常に) おいしい、美味な

□ 107
upsize
/ʌ́psáiz/
▶

動 サイズを上げる

□ 108
for free
▶

無料で、無償で

お客様がメニューを見て思案している。そんなときは、お店のお薦めメニューを提案してみよう。無料で増量などの付加サービスも簡潔に伝えて。

Chapter
1
予約・来店

Chapter
2
案内・注文

Chapter
3
料理の提供

Chapter
4
会計・見送り

Chapter
5
トラブル対応

その他の語彙・フレーズ

Step 2 ダイアログを聞く 》DL-057　　**Step 3** ロールプレイで音読！》DL-058

あなた：**How about oyster spaghetti with tomato sauce? This is our special limited-time dish.**
かきのトマトソーススパゲティはいかがですか？　こちらは期間限定の特別料理です。

お客様：**Sounds delicious. I'll take it.**
おいしそうですね。それをいただきます。

あなた：**Would you like to upsize for free?**
無料で大盛りにできますが、どうなさいますか？

お客様：**Yes, please.**
では、お願いします。

あなた：**Would you like anything else?**
他にご注文はございますか？

お客様：**Thank you, I'm fine.**
いいえ、結構です。

Step **1** チャンツで重要単語・表現を覚える》DL-059

□ 109
nice
/náis/ ▸

形 良い、**素晴らしい、立派な、快い**

□ 110
fresh
/fréʃ/ ▸

形 **新鮮な、出来立ての**

□ 111
shrimp
/ʃrimp/ ▸

名 エビ、（食用の）**小エビ**

❶「車エビ」はprawnと言う

□ 112
seasonal
/síːzənl/ ▸

形 **季節の、ある季節に限った、季節ごとの**

□ 113
vegetable
/védʒətəbl/ ▸

名 野菜、**青物、野菜料理**

□ 114
mushroom
/máʃruːm/ ▸

名 キノコ、**マッシュルーム**

お客様から「お薦めは？」と質問が。お店の一押しを提案できるように、食材や簡単な調理法、価格を説明できるようにしておこう。

Chapter 1 予約・来店

Chapter 2 案内・注文

Chapter 3 料理の提供

Chapter 4 会計・見送り

Chapter 5 トラブル対応

その他の語彙・フレーズ

Step 2 ダイアログを聞く ») DL-060　**Step 3** ロールプレイで音読！ ») DL-061

お客様：**Could you recommend something?**
何かお薦めしてもらえますか？

あなた：**Sure. We have scallops from Hokkaido today. We can make tempura with them.**
かしこまりました。今日は北海道からホタテが入っています。それを天ぷらにすることができますよ。

お客様：**That'd be <u>nice</u>.**
それはいいですね。

あなた：**Would you like to try the assorted tempura for 1,780 yen? We'll make it <u>fresh</u>.**
天ぷらの盛り合わせが 1,780 円でございますが、いかがですか？　出来立てをご用意いたします。

お客様：**What else is in the dish?**
他には何が入っているのですか？

あなた：**It has <u>shrimp</u>, <u>seasonal vegetables</u> and shiitake mushrooms in it.**
エビ、季節の野菜、シイタケが入っています。

9　卵をよくかき混ぜて、その中に具材を漬けるんです。

□ 115
beat
/bíːt/

動 〜（卵・牛乳・クリームなど）を（強く）かき混ぜる、〜を泡立てる、〜をたたく
▶ 活用 過去：beat｜過去分詞：beaten /bíːtn/, beat

□ 116
ingredient
/ingríːdiənt/
▶

名 食材、材料、原料、成分

□ 117
refill
/ríːfil/
▶

名 （飲食物の）お代わり、詰め替え品、補充品

□ 118
feel free to 〜
▶

自由に〜する、遠慮なく〜する

□ 119
server
/sə́ː(r)və(r)/
▶

名 給仕をする人、ウエーター、ウエートレス

□ 120
seconds
▶

（食事の）お代わり、2皿目の料理

● second /sékənd/ の複数形

食べ方をお客様が質問してきたら？ 器の使い方、料理の味わい方を説明できるよう、ソースや調味料各種、「タレに漬ける」などの表現を覚えておこう。

Chapter 1 予約・来店

Chapter 2 案内・注文

Chapter 3 料理の提供

Chapter 4 会計・見送り

Chapter 5 トラブル対応

その他の語彙・フレーズ

Step 2 ダイアログを聞く 》DL-063   **Step 3** ロールプレイで音読！》DL-064

あなた：Here's your sukiyaki combo.
すき焼き定食でございます。

お客様：What is this egg in the bowl for?
この鉢の卵は何ですか？

あなた：You <u>beat</u> the egg well and dip the <u>ingredients</u> in it.
卵をよくかき混ぜて、その中に具材を漬けるんです。

お客様：I see.
なるほど。

あなた：You can have free <u>refills</u> of rice and miso soup. <u>Feel free to</u> call a <u>server</u> for <u>seconds</u>.
ご飯とおみそ汁は、お代わり自由となっております。お代わりはご自由にお申し付けください。

お客様：OK, thank you.
わかりました、ありがとう。

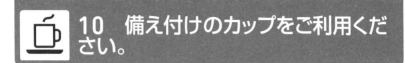
Step 1 チャンツで重要単語・表現を覚える》DL-065

□ 121
soda fountain

ドリンクバー

❶レストラン、コンビニエンスストアなどで清涼飲料水を出すための簡単な装置のこと

□ 122
soft drink

（アルコールが入っていない）**清涼飲料**

□ 123
available
/əvéiləbl/

形 **入手できる、利用できる、**（人が）**手が空いている、**（人と会ったり話したりする）**時間がある**

□ 124
hot
/hát | hót/

形 （料理などが）**温かい、辛い、暑い、熱い**

□ 125
use
/júːz/

動 〜 （道具・方法など）**を使う、〜を利用する、〜**（電話・トイレなど）**を借りる**

□ 126
provide
/prəváid/

動 〜 （必要な物など）**を供給する、〜を与える、〜を用意する**

❶ここ（p.63）でのprovidedはthat are provided のthat areが省略された形

お客様はドリンクバーの利用方法がわからないようだ。一定料金でさまざまな種類のソフトドリンクが飲めることや機械の使い方を説明しよう。

Chapter
1
予約・来店

Chapter
2
案内・注文

Chapter
3
料理の提供

Chapter
4
会計・見送り

Chapter
5
トラブル対応

その他の語彙・フレーズ

Step 2 ダイアログを聞く ◊ DL-066　　**Step 3** ロールプレイで音読！◊ DL-067

あなた：**Would you like free refills at the <u>soda fountain</u>? The first drink is 250 yen.**
ドリンクバーでの飲み放題はいかがですか？　1杯目は250円です。

お客様：**Are there only <u>soft drinks available</u>?**
あるのはソフトドリンクだけですか？

あなた：**We have coffee, tea and other <u>hot</u> drinks, too.**
コーヒー、紅茶、その他のホットドリンクもございます。

お客様：**That's great. I'll take it, then.**
それは素晴らしい。では、それをいただきます。

あなた：**The soft drink corner is over there. Please <u>use</u> the cups <u>provided</u>.**
ドリンクバーはあちらにございます。備え付けのカップをご利用ください。

お客様：**I'll go check it out, thank you.**
行って見てみます、ありがとう。

11 飲み放題は90分間です。

Step **1** チャンツで重要単語・表現を覚える ») DL-068

□ 127
all-you-can-drink
▶

飲み放題 (の)

➊「食べ放題(の)」はall-you-can-eatと言う

□ 128
difference
/dífərəns/
▶

名 **違い**

□ 129
cost
/kɔ́:st | kɔ́st/
▶

動 ~ (費用・値段) **がかかる、** ~ (時間・労力など) **がかかる**
活用 過去・過去分詞:cost

□ 130
extra
/ékstrə/
▶

形 **余分の、追加の、必要以上の、臨時の**

□ 131
include
/inklú:d/
▶

動 **~を含む、~を含める**

□ 132
keep in mind that ~
▶

~ (ということ) **を覚えておく、** ~ (ということ) **を心にとどめておく**

飲み放題には時間制限があるとお客様に伝えたい。飲み放題や食べ放題、制限時間、プラス料金での追加サービスなどのルールをしっかりと伝えよう。

Chapter 1 予約・来店

Chapter 2 案内・注文

Chapter 3 料理の提供

Chapter 4 会計・見送り

Chapter 5 トラブル対応

その他の語彙・フレーズ

Step 2 ダイアログを聞く)) DL-069　　**Step 3** ロールプレイで音読！)) DL-070

あなた：This is the <u>all-you-can-drink</u> menu. **We have two courses, standard and premium.**
こちらが飲み放題のメニューです。スタンダードとプレミアムの2つのコースがあります。

お客様：What is the <u>difference</u> between the two?
2つの違いは何ですか?

あなた：The premium <u>costs</u> an <u>extra</u> 500 yen but <u>includes</u> draft beer and fresh-squeezed drinks.
プレミアムはプラス500円かかりますが、生ビールと生搾りの飲み物が含まれます。

お客様：We'll take the premium course, then.
では、プレミアムコースにします。

あなた：Thank you. Please <u>keep in mind that</u> all-you-can-drink is limited to 90 minutes.
ありがとうございます。飲み放題は90分間ですので、ご了承ください。

お客様：OK, so can we have three beers?
わかりました、ではビールを3つお願いします。

12 2人前からご注文を承っています。

□ 133
ask
/ǽsk | ɑ́:sk/
▶

動 （〜について）**尋ねる、聞く**（about 〜）、（援助・助言などを）**求める、頼む**

□ 134
pot
/pɑ́t | pɔ́t/
▶

名 **深鍋、**（温かい飲み物を出すときに使う）**ポット、鉢、かめ**

□ 135
person
/pə́:(r)sn/
▶

名 **人、人間**

□ 136
serving
/sə́:(r)viŋ/
▶

名 （飲食物の）**一人分、一人前**

➊ 似た表現にhelping「（食べ物の）一盛り」がある

□ 137
item
/áitəm/
▶

名 （個々の）**商品、物品、**（リスト中の）**項目、品目**

□ 138
minimum
/mínəməm/
▶

形 **最小限の、最低限の、最小の**

お客様から料理が何人前なのかを質問された。2人前以上からでないと注文が受けられない場合の表現も言えるようにしておこう。

Chapter
1
予約・来店

Chapter
2
案内・注文

Chapter
3
料理の提供

Chapter
4
会計・見送り

Chapter
5
トラブル対応

その他の語彙・フレーズ

Step 2 ダイアログを聞く ◊ DL-072　　**Step 3** ロールプレイで音読！◊ DL-073

お客様：**Can I <u>ask</u> about the hot <u>pot</u> dishes on the menu?**
メニューに載っている鍋料理について聞きたいのですが。

あなた：**Sure. What is your question?**
はい。何でございますか?

お客様：**Is this dish for one <u>person</u>?**
この料理は1人前ですか?

あなた：**No. This picture shows two <u>servings</u>.**
いいえ。この写真は2人前です。

お客様：**So, is this price for two servings?**
では、この値段は2人前のものですか?

あなた：**No, it's for one serving and this <u>item</u> has a <u>minimum</u> order of two servings.**
いいえ、値段は1人前のもので、こちらは、2人前からご注文を承っています。

□ 139
For here.

▶

ここ（店内）で**食べます。**

□ 140
I'll have ～

▶

～をください、～をいただきます

□ 141
tall
/tɔ́ːl/

▶

⦿**トールサイズの、**（数量などが）**大きな**

➕largeという言い方もある

□ 142
total
/tóʊtl/

▶

⦿**総計、合計、総額**

□ 143
Here you go.

▶

さあどうぞ。／ほら、これですよ。

□ 144
lamp
/lǽmp/

▶

⦿**ランプ、照明器具、明かり、灯火**

コーヒーチェーンによく見られるカウンターでの注文の品の受け渡し。レジから受け渡しカウンターへお客様を誘導するには、具体的に場所を示そう。

Chapter
1
予約・来店

Chapter
2
案内・注文

Chapter
3
料理の提供

Chapter
4
会計・見送り

Chapter
5
トラブル対応

その他の語彙・フレーズ

Step 2 ダイアログを聞く))) DL-075　　**Step 3** ロールプレイで音読！))) DL-076

お客様：<u>For here</u>, please.
ここで食べます。

あなた：**What can I get you?**
ご注文は何になさいますか？

お客様：<u>I'll have</u> a <u>tall</u> iced coffee and a chocolate donut.
トールサイズのアイスコーヒーとチョコレートドーナツをください。

あなた：**Your <u>total</u> is 950 yen.**
お会計は 950 円でございます。

お客様：<u>Here you go.</u>
これでお願いします。

あなた：**Here's your change. Please wait by the blue <u>lamp</u> over there.**
お釣りでございます。あちらの青いランプのそばでお待ちください。

Step 1 チャンツで重要単語・表現を覚える》DL-077

□ 145
cheese
/tʃíːz/
▶

名 チーズ

□ 146
sandwich
/sǽn(d)witʃ | -widʒ, -witʃ/
▶

名 サンドイッチ

⊕ 挟む具材を前に置いて egg sandwich「卵サンド」のように用いる。日本語のように短縮して sand とは言わないので注意

□ 147
orange
/ɔ́ːrindʒ | ɔ́r-/
▶

名 オレンジ

□ 148
juice
/dʒúːs/
▶

名 (果物・野菜の) ジュース、搾り汁

□ 149
bring
/bríŋ/
▶

動 ~ (物) を持ってくる、(相手の場所へ) ~を持っていく

活用 過去・過去分詞：brought /brɔ́ːt/

□ 150
meal
/míːl/
▶

名 食事、料理、一食 (分)

お客様が注文の品の受け取りをレジ前で待っている!? セルフサービスではなく料理はお客様の席まで届けられることを伝えよう。

Chapter
1
予約・来店

Chapter
2
案内・注文

Chapter
3
料理の提供

Chapter
4
会計・見送り

Chapter
5
トラブル対応

その他の語彙・フレーズ

Step 2 ダイアログを聞く ») DL-078　　**Step 3** ロールプレイで音読！») DL-079

お客様：**Can I have a <u>cheese</u> <u>sandwich</u>?**
チーズサンドイッチをください。

あなた：**Certainly. Would you like a combo or just the sandwich?**
かしこまりました。セットにしますか、それともサンドイッチ単品にしますか？

お客様：**Make it a combo, please. I'll have an <u>orange</u> <u>juice</u> to drink.**
セットにしてください。飲み物はオレンジジュースにします。

あなた：**Certainly. Would you like some fried chicken or onion rings?**
かしこまりました。フライドチキンやオニオンリングはいかがですか？

お客様：**I'm good, thank you.**
いいえ、結構です。

あなた：**We'll <u>bring</u> your <u>meal</u> to you.**
料理はお席までお届けします。

15 お飲み物をお伺いしてもよろしいですか?

Step 1 チャンツで重要単語・表現を覚える 》 DL-080

□ 151
appetizer
/ǽpitàizə(r)/

图 **前菜、食前酒**

□ 152
a bottle of ~

1瓶の~

□ 153
glass
/glǽs | glάːs/

图 **グラス、コップ、コップ一杯の量、ガラスの**

□ 154
seasoned
/síːznd/

形 **味付けした**

□ 155
salt
/sɔ́ːlt/

图 **塩、食塩**

□ 156
one ~ the other …

1つは~でもう1つは…、1人は~でもう1人は…

72 ▸ 73

お客様にお通しを運ぶと、注文が決まっているようだ。オーダーを受ける
ときは、グラスの数や味付けなど必要なものや要望を正しく聞き取ろう。

Chapter
1
予約・来店

Chapter
2
案内・注文

Chapter
3
料理の提供

Chapter
4
会計・見送り

Chapter
5
トラブル対応

その他の語彙・フレーズ

Step 2 ダイアログを聞く 》DL-081　　**Step 3** ロールプレイで音読！》DL-082

> あなた：**Here are your <u>appetizers</u>. May I take your drink orders?**
> こちらはお通しです。お飲み物をお伺いしてもよろしいですか？

> お客様：**Yes, A <u>bottle of</u> beer and a ginger ale, please.**
> はい。瓶ビールを1本とジンジャーエールをください。

> あなた：**Yes, sir. How many <u>glasses</u> do you need?**
> かしこまりました。グラスはいくつお付けしますか？

> お客様：**Two, please. And, can we have this assorted yakitori?**
> 2つお願いします。それと、この焼き鳥盛り合わせをください。

> あなた：**Would you like it <u>seasoned</u> with <u>salt</u> or sauce?**
> 塩になさいますか、タレになさいますか？

> お客様：**We want to try both, so make it two, please. <u>One</u> with salt and <u>the other</u> with sauce.**
> 両方試してみたいので、2つにしてください。一つは塩で、もう一方はタレでお願いします。

□ 157
tell
/tél/

動 (人に) 〜を話す、〜を教える、〜を伝える、〜を言う
▶ 活用 過去・過去分詞：told /tóuld/

□ 158
buy
/bái/

▶ 動 〜を買う、〜を購入する
活用 過去・過去分詞：bought /bɔ́ːt/

□ 159
vending machine

自動販売機

▶

□ 160
entrance
/éntrəns/

▶ 名 入り口、玄関、入場、入室

□ 161
You're welcome.

どういたしまして。

▶

□ 162
give
/gív/

▶ 動 (人に) 〜を手渡す、〜を与える
活用 過去：gave /géiv/ | 過去分詞：given /gívn/

食券の買い方がわからないお客様が。外国人は戸惑うことも多いので、注文のシステムや券売機の使い方を説明できるようにしておこう。

Chapter 1 予約・来店

Chapter 2 案内・注文

Chapter 3 料理の提供

Chapter 4 会計・見送り

Chapter 5 トラブル対応

その他の語彙・フレーズ

Step 2 ダイアログを聞く 》DL-084　　**Step 3** ロールプレイで音読！》DL-085

お客様：**Excuse me, could you <u>tell</u> me how to order?**
すみません、注文の仕方を教えてもらえますか？

あなた：**Sure. Please <u>buy</u> a food ticket from the vending machine first.**
かしこまりました。まず、自動券売機から食券をお買い求めください。

お客様：**Where is it?**
どこにあるんですか？

あなた：**It's at the <u>entrance</u>. We have an English menu on it.**
入り口の所です。英語のメニュー表示があります。

お客様：**OK, thank you.**
わかりました、ありがとうございます。

あなた：**<u>You're welcome.</u> When you get the ticket, please <u>give</u> it to the staff at the counter.**
どういたしまして。食券を買ったら、カウンターにいるスタッフに渡してください。

Step 1 チャンツで重要単語・表現を覚える » DL-086

□ 163
charge
/tʃɑ́:(r)dʒ/
▸

名 (商品・サービスなどに対する) **料金、使用料、手数料、充電**

□ 164
recommendation
/rèkəmendéiʃn/
▸

名 **お薦めのもの、推薦**

□ 165
award-winning
▸

受賞した

□ 166
straight up
▸

(ウイスキーや紅茶などの) **ストレートで**

□ 167
double
/dʌ́bl/
▸

名 (ウイスキーなどの) **ダブル、2倍** (の数・量)

□ 168
a glass of ～
▸

コップ一杯の～

シングルかダブルか──ウイスキーの飲み方は簡単な単語で通じる。事前にテーブルチャージの説明ができると、よりスマートだ。

Chapter 1 予約・来店

Chapter 2 案内・注文

Chapter 3 料理の提供

Chapter 4 会計・見送り

Chapter 5 トラブル対応

その他の語彙・フレーズ

Step 2 ダイアログを聞く 》DL-087　　**Step 3** ロールプレイで音読！》DL-088

あなた：**Good evening. There is a 1,000 yen seating <u>charge</u>. Will that be all right with you?**
いらっしゃいませ。席料千円をいただいています。よろしいでしょうか？

お客様：**That's alright. I'd like some Japanese whisky. Do you have any <u>recommendations</u>?**
構いませんよ。日本のウイスキーを飲みたいのですが。何かお薦めはありますか？

あなた：**Yes. We have an <u>award-winning</u> whiskey. It's seventeen years old.**
はい。賞を受賞したウイスキーがあります。17年ものです。

お客様：**I'll take it. <u>Straight up</u>, please.**
それをいただきます。ストレートでお願いします。

あなた：**A single or a <u>double</u>?**
シングルになさいますか、ダブルになさいますか？

お客様：**A single, please. And could I have <u>a glass of</u> water?**
シングルでお願いします。それと水を1杯いただけますか？

Column 2
言えたら便利!とっさのフレーズ集2

とっさに言えたらお客様の助けになること間違いなし!のフレーズをご紹介。
観光客の迷子や迷子を捜す親には、こんな風に声をかけましょう。

【親に】男の子ですか、女の子ですか?
Is it a boy or a girl?

My child is lost. (子どもが迷子になった!)と話しかけられたら、まずは性別を確認しましょう。さらに年齢は、How old is he〔she〕? (お子様は何歳ですか?)と確認します。

....

【親に】お子様の特徴を教えてください。
Please tell me what your child looks like.

続けて、見た目の特徴を確認しましょう。your child (お子様)は、your son (息子さん)、your daughter (お嬢さん)と言い換えても OK。メモを取りながら聞けるとベストです。

....

【親に】館内放送でお呼び出しいたします。
I'll announce it over the PA.

PA は public address (system) の略で施設内の「拡声装置」のこと。館内放送を別の担当者に引き継ぐなら、主語を We に変えます。担当部署まで案内する際は、Please follow me. (ついてきてください)で先導します。

....

【子どもに】どこから来たの? 誰と一緒に来たの?
Where do you come from? Who are you with?

文法的には Who were you with? でも間違いではありませんが、はぐれてしまっていることをいたずらに意識させないよう、現在形の are を使うとよいでしょう。最初に Are you lost? (迷子なの?)と声をかけても。

....

【子どもに】大丈夫だよ。
You'll be all right.

とにかく安心させてあげるには、このように声をかけます。迷子の呼び出しをする事務所に連れて行ってあげるなら、Let's go to the office together. (一緒に事務所に行こうね)と言い、手を引いてあげましょう。

Chapter 3
食事を運ぶ〜追加の対応

この Chapter では、食事を提供したり、食事中のお客様の要望に対応したりする際に重要なフレーズをマスターします。

Chapter 1 予約・来店

Chapter 2 案内・注文

Chapter 3 料理の提供

Chapter 4 会計・見送り

Chapter 5 トラブル対応

その他の語彙・フレーズ

例えばこんなフレーズ!

「配膳・追加注文」の定番フレーズ

あなた：Here's your bite-sized fried chicken.
鶏の（ひと口）唐揚げでございます。

お客様：Thank you. It looks delicious.
ありがとう。おいしそうですね。

Here's [Here is] ～ .「こちらは～です」は料理を提供する際の定型表現。余裕があれば The plate is very hot. Please be careful.「お皿が熱くなっております。ご注意ください」、The sauce may splash.「ソースが跳ねることがあります」など言い添えてみよう。

あなた：I have beef stew for ... ?
ビーフシチューをご注文のお客様は・・・?

お客様：Me.
私です。

I have ～ for ... ? は注文した人が誰かを確認する際の表現。文末を上げ調子で言うと、「どなたの注文ですか？」の意味合いになる。表現が浮かばないときは Beef stew?「ビーフシチュー？」と、料理名の語尾を上げ調子で言うだけでも、問い掛けのニュアンスが伝わる。

あなた：Here's your pork cutlet. Do you use chopsticks?
こちらはとんかつでございます。お箸を使われますか？

お客様：Yes, chopsticks are fine, thank you.
はい、お箸で大丈夫です、ありがとう。

お箸一膳は２本なので chopsticks と複数形になる。Do you ～ ? は「～しますか？」と尋ねる表現。Can you ～ ?「～することができますか？」は相手の能力を尋ねる言い方なので、Can you use chopsticks? とは言わないようにしよう。

まずはコレだけ！

Chapter
1
予約・来店

Chapter
2
案内・注文

Chapter
3
料理の提供

Chapter
4
会計・見送り

Chapter
5
トラブル対応

その他の語彙・フレーズ

お客様への料理の提供で欠かせないフレーズをまずは覚えよう。音声をよく聞いて、「あなた」のパートを繰り返し練習しよう。

お客様：My cheeseburger hasn't come yet.
注文したチーズバーガーがまだ来ていないのですが。

あなた：I'm sorry. Let me go and check in the kitchen.
申し訳ございません。調理場に聞いてまいります。

注文したものが来ていないと言われたら、焦らず Let me go and check in the kitchen.「調理場に聞いてまいります」と伝えて確認に向かおう。短く I'll check on it.「確認いたします」、I'll be right back.「すぐに戻ります」などと言っても OK。

お客様：How do you eat this?
これはどうやって食べるのですか？

あなた：Please dip it in this sauce.
こちらのソースに漬けてお召し上がりください。

dip ～ in ... で「～を…に漬ける」という意味。Please eat it after cooking it in this pot.「この鍋でゆでてお召し上がりください」、Please try this with just salt.「塩だけで試してみてください」など食べ方を説明する表現をいくつか覚えておこう。

あなた：Would you like a fork?
フォークをお持ちしましょうか？

お客様：That would be great, thank you.
それは助かります、ありがとう。

Would you like ～? は「～はいかがですか？」と丁寧に物を勧める表現。お箸を使いこなせず苦戦しているお客様を見掛けたら、Would you like a fork?「フォークをお持ちしましょうか？」と確認してからフォークなどを提供するとよい。

1　もう少し小さく切り分けましょうか?

Step 1　チャンツで重要単語・表現を覚える 》DL-091

□ 169
lamb
/lǽm/
▶ 名 子羊、**ラム、子羊の肉**

□ 170
chunk
/tʃʌ́ŋk/
▶ 名 （木材・肉・パン・チーズなどの） **大きな塊**

□ 171
cut into ～
▶ ～に切り分ける

□ 172
piece
/píːs/
▶ 名 1切れ、（本体から分けられた部分としての） **1個、1つ、部品**

□ 173
as it is
▶ そのままで

➕ 対象物が複数の場合はas they areとなる

□ 174
taste
/téist/
▶ 動 （～な） 味がする、**～を味見する**

ステーキを頼んだお客様だが、お肉が大きくて食べにくそう。そう思ったら、料理をサーブするだけでなく、配慮の一言を掛けられるようにしたい。

Chapter
1
予約・来店

Chapter
2
案内・注文

Chapter
3
料理の提供

Chapter
4
会計・見送り

Chapter
5
トラブル対応

その他の語彙・フレーズ

Step 2 ダイアログを聞く))) DL-092 **Step 3** ロールプレイで音読！))) DL-093

あなた：**Here's the roast <u>lamb</u> shoulder.**
子羊の肩肉のローストでございます。

お客様：**Oh, it's a big <u>chunk</u> of meat.**
おお、大きな肉の塊ですね。

あなた：**Would you like it <u>cut into</u> smaller <u>pieces</u>?**
もう少し小さく切り分けましょうか？

お客様：**Yes, please.**
はい、お願いします。

あなた：**Here you are. You can eat it <u>as it is</u> or try it with salt.**
はい、どうぞ。そのままか、塩で試してみてください。

お客様：**Wow, it <u>tastes</u> good.**
わあ、おいしいですね。

□175
share
/ʃéə(r)/
▶

動 ~を分け合う、~を分配する、~を共同で使用する

□176
steak
/stéik/
▶

名 ステーキ、肉・魚の厚い切り身

□177
knife
/náif/
▶

名 ナイフ、短刀、小刀
複数：knives /náivz/

□178
divide
/diváid/
▶

動 ~を分割する、~を分ける

□179
add
/ǽd/
▶

動 ~を加える、~(数など)を足す、~を合計する

□180
condiment
/kándəmənt/
▶

名 薬味

お客様がステーキのシェアを希望。箸を使うことに慣れていない外国人も多いので、この一言を掛けられるようにしておこう。

Chapter
1
予約・来店

Chapter
2
案内・注文

Chapter
3
料理の提供

Chapter
4
会計・見送り

Chapter
5
トラブル対応

その他の語彙・フレーズ

Step 2 ダイアログを聞く ♪ DL-095　　**Step 3** ロールプレイで音読！♪ DL-096

お客様：**Could I have some extra plates? We'd like to <u>share</u> this <u>steak</u>.**
取り皿をいただけますか？ このステーキをシェアしたいんです。

あなた：**Certainly. Would you like another knife and fork, too?**
かしこまりました。ナイフとフォークももう1セットお持ちしましょうか？

お客様：**No, we're good, thank you.**
いいえ、結構です、ありがとうございます。

あなた：**All right. Shall I <u>divide</u> it for you?**
かしこまりました。お取り分けいたしましょうか？

お客様：**That'd be great, thank you.**
それは助かります、ありがとう。

あなた：**Here you are. You can <u>add</u> <u>condiments</u> to your liking.**
はい、どうぞ。薬味をお好みでご利用ください。

□ 181
half
/hǽf | hάːf/
▶

形 **半分の、2分の1の**
名 **半分、2分の1**

□ 182
hour
/áuə(r)/
▶

名 **1時間**

□ 183
ago
/əɡóu/
▶

副 **(今から)〜前に**

□ 184
back
/bǽk/
▶

副 **(元の場所・状態に)戻って、帰って、後ろへ、後方へ**

□ 185
careful
/kéə(r)fl/
▶

形 **(人が)注意深い、気を付ける、注意して**
比較：more careful｜最上：most careful

□ 186
smell
/smél/
▶

動 **においがする、〜のにおいを嗅ぐ**

長い時間、料理を待っているお客様が。そんなときは一言声を掛けると、お客様も安心する。速やかに注文が入っているかを確認しよう。

Chapter 1 予約・来店

Chapter 2 案内・注文

Chapter 3 料理の提供

Chapter 4 会計・見送り

Chapter 5 トラブル対応

その他の語彙・フレーズ

Step 2 ダイアログを聞く)) DL-098　　**Step 3** ロールプレイで音読！)) DL-099

あなた：**Have you ordered already?**
ご注文は承っていますか？

お客様：**Yes, I ordered a steak about <u>half an hour</u> ago.**
はい、30分ほど前にステーキを注文しました。

あなた：**I'll check on your order. I'll be right <u>back</u>.**
注文を確認してまいります。すぐに戻ります。

お客様：**Thank you.**
お願いします。

あなた：**Sorry for the wait. Here's your steak. The plate is very hot. Please be <u>careful</u>.**
お待たせして申し訳ございません。ステーキでございます。お皿が大変熱くなっております。ご注意ください。

お客様：**Thank you. Oh, <u>smells</u> good.**
ありがとうございます。ああ、いいにおいですね。

4 イワシのすり身と小麦粉、卵でできています。

□ 187
be made of ~

~ (材料) でできている

▶

□ 188
mince
/míns/

動 ~ (肉など) を細かく刻む

▶

□ 189
flour
/fláuə(r)/

名 小麦粉

▶

□ 190
soy sauce

しょうゆ

▶

□ 191
traditional
/trədíʃənl/

形 伝統的な

▶

□ 192
clear
/klíə(r)/

形 澄んだ、透明な

▶

スープの具や味付けに興味を示すお客様。食事は異文化を実感できる旅行の醍醐味の一つでもある。食材や調理法を説明できるようにしよう。

Step 2 ダイアログを聞く 》DL-101　　**Step 3** ロールプレイで音読！》DL-102

お客様：What's in the soup?
スープの具は何ですか？

あなた：**Some vegetables and fish balls. They** are
made of minced sardine, flour and eggs.
数種類の野菜と魚団子です。イワシのすり身と小麦粉、卵でできています。

お客様：Is it miso soup?
これはみそ汁ですか？

あなた：**No, it's not. The soup is seasoned
with** soy sauce **and ginger.**
いいえ、違います。スープはしょうゆとショウガで味付けしております。

**お客様：Oh, I see. I've never had this
before.**
ああ、なるほど。この料理は食べたことがありません。

あなた：Traditional **Japanese soups can
also be** clear.
伝統的な日本の汁物には澄んだ色のものもあるんです。

□ 193
pork
/pɔ́:(r)k/

名 豚肉、ポーク

□ 194
pickled vegetables

漬物

□ 195
cook
/kúk/

動 ～を料理する、煮える、火が通る

□ 196
color
/kʌ́lə(r)/

名 色

□ 197
thin
/θín/

形 （厚さが）薄い、細い、やせた

□ 198
quickly
/kwíkli/

副 速く、急いで、すぐに

お客様は運ばれてきた料理の食べ方がわからない様子。「鍋でゆでる」「色が変わるまで」など具体的に説明しよう。

Chapter
1
予約・来店

Chapter
2
案内・注文

Chapter
3
料理の提供

Chapter
4
会計・見送り

Chapter
5
トラブル対応

その他の語彙・フレーズ

Step 2 ダイアログを聞く 》DL-104   **Step 3** ロールプレイで音読！》DL-105

あなた：Thank you for waiting. **Here are your <u>pork</u> shabu-shabu and <u>pickled vegetables</u>.**
お待たせいたしました。豚肉のしゃぶしゃぶとお新香でございます。

お客様：**How do you eat this?**
これはどうやって食べるのですか？

あなた：**Please eat it after <u>cooking</u> it in this pot.**
この鍋でゆでてからお召し上がりください。

お客様：**How long do I need to cook it?**
どのくらいゆでればいいのですか？

あなた：**Until the <u>color</u> changes. The meat is very <u>thin</u>, so it cooks <u>quickly</u>.**
色が変わるまでです。お肉はとても薄いので、すぐに火が通ります。

お客様：**Like this?**
こんな感じですか？

□ 199
go through

通る、(契約・取引・合意などが) **まとまる、〜を体験する**

▸

□ 200
delay
/diléi/

❷ (到着・出荷などの) **遅れ、遅延** (時間)、**延期**

▸

□ 201
at all

(否定語とともに) **少しも〜ない、まったく〜ない**

▸

□ 202
appreciate
/əprí:ʃièit/

🔟 **〜を感謝する**

▸

□ 203
on the house

(飲み物・食べ物が) **ただで、無料で** (店から提供されている)

▸

□ 204
apology
/əpálədʒi | əpɔ́l-/

❷ **謝罪、おわび**

▸

「注文したはずの料理がまだ来ない」というお客様。まず謝罪し状況を確認して伝えよう。おわびの一品をサービスする表現を知っていると便利だ。

Chapter
1
予約・来店

Chapter
2
案内・注文

Chapter
3
料理の提供

Chapter
4
会計・見送り

Chapter
5
トラブル対応

その他の語彙・フレーズ

Step 2 ダイアログを聞く 》DL-107   **Step 3** ロールプレイで音読！》DL-108

お客様：My cheeseburger hasn't come yet. The French fries and avocado salad are already here.
注文したチーズバーガーがまだ来ていないんです。フライドポテトとアボカドサラダはもう来たんですが。

あなた：I'm sorry. Let me check.
申し訳ございません。確認いたします。

お客様：Thank you.
お願いします。

あなた：I'm afraid the order didn't <u>go through</u>. We are making it right now. I'm sorry for the <u>delay</u>.
申し訳ございません、注文が通っていませんでした。ただ今、作っております。遅れておりますことをおわびいたします。

お客様：All right. I don't mind waiting <u>at all</u>.
わかりました。待つのはまったく構いませんよ。

あなた：Thank you, I <u>appreciate</u> it. You can have this <u>on the house</u> as our <u>apology</u>.
どうもありがとうございます。おわびとしてこちらをサービスさせてください。

7 トイレは右手にございます。

□ 205
bathroom
/bǽθrùːm | báː θ-/
▶

🔠 化粧室、トイレ、浴室

□ 206
go down ~
▶

~を進む

➕ downは「～に沿って」という意味の前置詞

□ 207
hallway
/hɔ́ːlwèi/
▶

🔠 廊下、通路、玄関、玄関ホール

□ 208
find
/fáind/
▶

🔠 ~を（偶然に）見つける、 ~を捜し出す、 (経験・試すなどして) **~とわかる**
活用 過去・過去分詞：found /fáund/

□ 209
on one's right
▶

右手に

➕ 「左手に」はon one's left

□ 210
watch
/wátʃ | wɔ́tʃ/
▶

🔠 ~に注意する、 ~を注意して見る

トイレの場所をお客様に尋ねられた。場所を正確に伝えるためには、「最初に真っすぐ」「次に右手に」など、段階を追って具体的に表現しよう。

Chapter
1
予約・来店

Chapter
2
案内・注文

Chapter
3
料理の提供

Chapter
4
会計・見送り

Chapter
5
トラブル対応

その他の語彙・フレーズ

Step 2 ダイアログを聞く ») DL-110　　**Step 3** ロールプレイで音読！») DL-111

お客様：**Excuse me. Where is the <u>bathroom</u>?**
すみません。お手洗いはどこですか？

あなた：**Please <u>go down</u> this <u>hallway</u> and you'll <u>find it on your right</u>.**
この廊下を真っすぐ進みますと、右手にございます。

お客様：**OK, thanks.**
わかりました、ありがとう。

あなた：**<u>Watch</u> your step. It's dark there.**
足元にご注意ください。お手洗いは暗くなっております。

お客様：**Will you show me the way? I couldn't find it.**
案内してくれますか？ 見つけることができませんでした。

あなた：**Sure. This way, please.**
かしこまりました。こちらへどうぞ。

8 空いているお皿をお下げしても よろしいですか?

□ 211
empty
/émpti/
▸

形 (容器などが) **空の**、(部屋・場所・乗り物などが) **無人の**

□ 212
Of course.
▸

(許可を求められて) **どうぞ。** /**もちろん。** /**当然。**

□ 213
really
/ríː(ə)li | ríə-/
▸

副 **本当に、実際に、まったく**

□ 214
be glad to ～
▸

～してうれしい

□ 215
dessert
/dizə́ː(r)t/
▸

名 **デザート**

□ 216
relax
/rilǽks/
▸

動 **くつろぐ、リラックスする、緊張を解く**

お客様が食べ終わったお皿を下げたい。そんなとき無言で下げるのはマナー違反だ。くつろいでもらうためにも「ごゆっくりどうぞ」と加えたい。

Chapter 1 予約・来店

Chapter 2 案内・注文

Chapter 3 料理の提供

Chapter 4 会計・見送り

Chapter 5 トラブル対応

その他の語彙・フレーズ

Step 2 ダイアログを聞く 》DL-113　　**Step 3** ロールプレイで音読！》DL-114

あなた： May I take your <u>empty</u> plates?
空いているお皿をお下げしてもよろしいですか？

お客様： Of cource. It was really good.
お願いします。とてもおいしかったです。

あなた： <u>I'm glad to</u> hear that. Would you like another drink or some <u>dessert</u>?
それはよかったです。お飲み物のお代わりやデザートはいかがですか？

お客様： Thank you, I'm fine. Are you closing soon?
いいえ、結構です。もうすぐ閉店ですか？

あなた： No, we are not. Feel free to <u>relax</u>.
いいえ、まだです。ごゆっくりどうぞ。

お客様： Thank you.
ありがとうございます。

9 お料理のラストオーダーのお時間です。

LAST

Step 1 チャンツで重要単語・表現を覚える》DL-115

□ 217
take ～ away

～を取り去る、～を持ち去る、～を片付ける

▶

□ 218
last
/lǽst | lάːst/

⑱ **最後の、**（時間・期間的に）**この前の、昨～、先～、最近の**

▶

□ 219
fried rice

チャーハン、焼き飯

▶

□ 220
grilled
/gríld/

⑱ **グリルした、網焼きの**

▶

□ 221
stewed
/st(j)úːd | stjúːd/

⑱ **煮込んだ、とろ火で煮た**

▶

□ 222
beef tendon

牛すじ

▶

ラストオーダーの時間だとお客様に伝える表現を覚えよう。加えて飲み物の追加オーダーがあるかどうかも尋ねられるようにしておきたい。

Chapter
1
予約・来店

Chapter
2
案内・注文

Chapter
3
料理の提供

Chapter
4
会計・見送り

Chapter
5
トラブル対応

その他の語彙・フレーズ

Step 2 ダイアログを聞く 》DL-116　　**Step 3** ロールプレイで音読！》DL-117

お客様：**Could you <u>take</u> these plates <u>away</u>?**
このお皿を片付けてもらえますか？

あなた：**Certainly. We are taking the <u>last</u> order for food. Would you like anything?**
かしこまりました。お料理のラストオーダーのお時間です。何かご注文はございますか？

お客様：**I'd like <u>fried rice</u>, a <u>grilled</u> rice ball and <u>stewed</u> <u>beef tendon</u>.**
チャーハンと焼きおにぎり、それと牛すじの煮込みをください。

あなた：**Would you like something to drink?**
飲み物はいかがですか？

お客様：**We'll have two glasses of whisky and soda. What time do you close?**
ハイボールを2つください。閉店は何時ですか？

あなた：**We close at 11 p.m.**
閉店は午後11時です。

10 こちらは生ものですので、お持ち帰りはできません。

Step 1 チャンツで重要単語・表現を覚える 》DL-118

□ 223
leftovers
/léftòuvəz/

名 （食卓に出た食べ物の）**残り物、食べ残し**

➕ この意味では通例、複数形

□ 224
right away

直ちに、すぐに

□ 225
take out ～

～（食べ物）**を持ち帰る、～をテイクアウトする**

□ 226
fruit
/frúːt/

名 **果物、果実、フルーツ**

□ 227
perishable
/périʃəbl/

形 **腐りやすい、傷みやすい**

□ 228
pack
/pǽk/

動 ～（食品など）**を詰める、～をパック詰めにする、～を荷造りする**

お客様が料理を持ち帰りたいとドギーバッグ（持ち帰り用容器）を希望。
お客様の要望に応えられないときは、その理由も説明しよう。

Chapter 1 予約・来店

Chapter 2 案内・注文

Chapter 3 料理の提供

Chapter 4 会計・見送り

Chapter 5 トラブル対応

その他の語彙・フレーズ

Step 2 ダイアログを聞く 》DL-119　　**Step 3** ロールプレイで音読！》DL-120

お客様：**Can I have a box for the <u>leftovers</u>? This naan is delicious but I can't finish it all.**
残った料理を入れる容器をいただけますか？　このナンはおいしいのですが、全部食べ切れないんです。

あなた：**Certainly. I'll get it right away.**
かしこまりました。すぐにお持ちします。

お客様：**Oh, may I have two? I'd like to <u>take out</u> this <u>fruit</u> salad, too.**
ああ、容器を2ついただけますか？　このフルーツサラダも持ち帰りたいんです。

あなた：**I'm afraid this is a <u>perishable</u> item that cannot be taken out.**
申し訳ございません、こちらは生ものですので、お持ち帰りはできません。

お客様：**Oh, all right.**
ああ、わかりました。

あなた：**Just a moment, please. I'll <u>pack</u> it for you.**
少々お待ちください。詰めてまいります。

Column 3
言えたら便利!とっさのフレーズ集3

万引き・盗難編

とっさに言えたらお客様の助けになること間違いなし!のフレーズをご紹介。
ちょっとアヤシイ動きをしているお客様や盗難に遭われたお客様へのひと言です。

会計はお済ませですか?
Have you paid for that?
店内の物をこっそり持ち出そうとしているお客様を見かけたらこのひと言。騒ぎになる前に、The cashier is over there.（レジはあちらですよ）などとフォローを。

かばんの中を見せてください。
Please let me look inside your bag.
bag は、かばんやバッグだけでなく、買い物袋などのことも表します。上のフレーズに続けて言えば、こちらの意図はより明確に伝わるでしょう。必要なときは、We'll call the police.（警察に通報します）と強い口調で。

最後にそれを見たのはいつですか?
When did you see it last?
落とし物か盗まれたかわからないけれど、何かをなくした、と言うお客様には、このように尋ねます。困っている様子でこちらから声をかけるなら、Is everything OK?（大丈夫ですか?）などがあります。

どこで盗まれたか、心当たりはありますか?
Any idea of where it was stolen?
盗難にあったことが確かなようなら、このように尋ねます。ショッピングモールなどの建物内なら、I'll take you to the office.（事務所までご案内します）と言って、担当者の所に連れていってあげましょう。

大使館の電話番号をお調べします。
Let me find the phone number of the embassy.
embassy〔émbəsi〕は「大使館」のこと。パスポートの盗難（紛失）などの深刻な事態なら、このように言ってあげると安心です。Where are you from?（どの国から来ましたか?）と尋ねて、国籍を確認しましょう。

Chapter
1
予約・来店

Chapter
2
案内・注文

Chapter
3
料理の提供

Chapter
4
会計・見送り

Chapter
5
トラブル対応

その他の語彙・フレーズ

Chapter 4
お会計～見送り

この Chapter では、食事を終えたお客様に会計
をし、気持ちよくお帰りいただくために重要なフ
レーズをマスターします。

例えばこんなフレーズ！

「会計・見送り」の定番フレーズ

お客様：**Check, please.**
お会計をお願いします。

あなた：**Certainly. Please pay over there.**
かしこまりました。あちらでお会計をお願いします。

海外ではテーブルに着いたまま会計することが多いので、レジでの会計を促すこのフレーズを覚えておくと便利。Please pay at the cash register over there.「お会計はあちらのレジでお願いします」でも OK。check「伝票」は bill と言う場合もある。

あなた：**Would you like to pay in cash or with a credit card?**
お会計は現金ですか、カードですか？

お客様：**I'll pay in cash.**
現金で払います。

Cash or charge?「現金ですか？　カードですか？」と言っても OK。カードの場合は、Credit card, please.「カードでお願いします」、I'll pay with a credit card.「クレジットカードで払います」、Do you take ～ card?「～カードは使えますか？」などと返事がある。

お客様：**Do you accept credit cards?**
クレジットカードは使えますか？

あなた：**Yes, we do. Please insert your card here.**
はい、ご利用いただけます。こちらにカードを入れてください。

現金のみの場合は、We accept cash only.「お支払い方法は現金のみとなっております」と伝えよう。The amount has to be at least ～ yen to use a credit card.「クレジットカードは、～円未満のお支払いにはご利用いただけません」も覚えておくと便利。

まずはコレだけ！

Chapter
1
予約・来店

Chapter
2
案内・注文

Chapter
3
料理の提供

Chapter
4
会計・見送り

Chapter
5
トラブル

その他の語彙・フレーズ

会計時の受け答えでは金額などを正確に伝えなければならない。音声をよく聞いて、「あなた」のパートを繰り返し練習しよう。

お客様：I'll have an iced tea and a hot dog.
アイスティーとホットドッグをください。

あなた：Sure. That will be 750 yen.
かしこまりました。お会計は 750 円です。

金額を伝える際の定型表現。It comes to 750 yen や Your total is 750 yen. もほぼ同じ意味になる。数字を読むのが難しい場合は、レジに表示される金額の数字を指し示しながら、Here's the total. 「合計はこちらでございます」と言ってもよい。

お客様：Can we pay separately?
別々にお会計できますか？

あなた：Sure. What did you have?
かしこまりました。何をお召し上がりになりましたか？

Can we pay separately? は Separate checks, please. 「お会計は別々でお願いします」と言われることも。What did you have? に対する返答の聞き取りに自信がない場合は、こちらから It comes to 550 yen for the ～ , 500 yen for the ... 「～が 550 円、…が 500 円です」と言ってみよう。

お客様：Here you go.
これでお願いします。

あなた：Ten thousand yen, thank you. Your change is 4,550 yen.
1万円お預かりします。4,550 円のお返しでございます。

「4,550 円のお返しでございます」は Here's 4,550 yen change. と言っても OK。数字を読むのが難しい場合は Here is your change. 「お釣りでございます」でもよい。支払い金額がちょうどのときは、That's exactly right.「ちょうど頂戴します」と言ってみよう。

1 お帰りの際に伝票をレジまでお持ちいただき、お支払いいただけますか?

□ 229
especially
/ispéʃəli/
▶

圖 **特に、とりわけ**

□ 230
simmered
/símə(r)d/
▶

形 (弱火で) **煮た**

□ 231
bill
/bíl/
▶

名 (レストランなどでの) **勘定書、請求書、会計伝票**

●check も同様の意味で使われる

□ 232
cash register
▶

名 **レジ、レジスター**

□ 233
pay
/péi/
▶

動 **支払う**

□ 234
leave
/líːv/
▶

動 **去る、離れる、出発する**
活用 過去・過去分詞：left /léft/

「会計を頼みたい」とお客様。海外ではテーブルチェックが多いため、伝票をレジまで持参し、そこで支払うということを説明してあげよう。

Step **2** ダイアログを聞く 》DL-124   Step **3** ロールプレイで音読！》DL-125

Chapter
1
予約・来店

Chapter
2
案内・注文

Chapter
3
料理の提供

Chapter
4
会計・見送り

Chapter
5
トラブル

その他の語彙・フレーズ

あなた：Did you enjoy your meal?
お食事はいかがでしたか？

お客様：Yes, all the food was good. I especially liked the simmered fish May I have the check?
料理は全ておいしかったです。特に魚の煮付けが気に入りました。お会計をお願いします。

あなた：Certainly. Just a moment, please. I'll bring it.
かしこまりました。少々お待ちください。今、お持ちします。

お客様：Thank you.
お願いします。

あなた：Here you are. Could you take this bill to the cash register and pay there when you leave?
こちらでございます。お帰りの際にこの伝票をレジまでお持ちいただき、そちらでお支払いいただけますか？

お客様：OK, thank you.
わかりました、ありがとう。

Step 1　チャンツで重要単語・表現を覚える》DL-126

□ 235
together
/təgéðə(r)/
▶

副 合わせて、**一緒にして、合計で、全部で**

□ 236
credit card
▶

クレジットカード

□ 237
electronic money
▶

電子マネー

□ 238
accept
/əksépt/
▶

動 **～を受け取る、～を受け付ける**

□ 239
cash
/kǽʃ/
▶

名 現金、**お金**

□ 240
pancake
/pǽnkèik/
▶

名 パンケーキ

「クレジットカードを使えるか？」とお客様が尋ねてきたが、あいにく支払い方法は現金のみ。支払い方法を説明する表現を身に付けよう。

Chapter 1 予約・来店

Chapter 2 案内・注文

Chapter 3 料理の提供

Chapter 4 会計・見送り

Chapter 5 トラブル

その他の語彙・フレーズ

Step 2 ダイアログを聞く 》DL-127　　**Step 3** ロールプレイで音読！》DL-128

お客様：**We'd like to pay our bill, please.**
お会計をお願いします。

あなた：**Certainly. Would you like to pay <u>together</u> or separately?**
かしこまりました。お会計はご一緒ですか、別々ですか？

お客様：**Could we pay separately with <u>credit cards</u> or <u>electronic money</u>?**
カードか電子マネーで別々にお会計できますか？

あなた：**I'm sorry, we <u>accept</u> cash only.**
申し訳ございません、お支払い方法は現金のみとなっております。

お客様：**OK. We'll just pay separately, then.**
わかりました。では、別々に会計をお願いします。

あなた：**Thank you. 550 yen for the pizza toast, 500 yen for the hot dog and 600 yen for the <u>pancakes</u>.**
ありがとうございます。ピザトーストが 550 円、ホットドッグが 500 円、パンケーキが 600 円です。

3 ご利用いただけるのはVISAとMasterCardのみです。

□ 241
insert
/insə́:(r)t/
▶

🔵 ～を挿入する、～を差し込む

□ 242
enter
/éntə(r)/
▶

🔵 ～（データなど）を入力する、～（場所）に入る、～（組織・会社）に入る

□ 243
customer copy
▶

お客様控え

□ 244
sign
/sáin/
▶

🔵 署名する、サインする
📛 看板、表示

□ 245
signature
/sígnətʃə(r)/
▶

📛 署名、サイン

□ 246
less than ～
▶

➕ 著名人などのサインは autograph と言う

～より少ない

利用できるクレジットカードをお客様に尋ねられた。使えるクレジットカードの種類が限られている場合は、その旨を伝える表現を覚えておこう。

Chapter 1 予約・来店

Chapter 2 案内・注文

Chapter 3 料理の提供

Chapter 4 会計・見送り

Chapter 5 トラブル

その他の語彙・フレーズ

Step 2 ダイアログを聞く)) DL-130　　**Step 3** ロールプレイで音読！)) DL-131

お客様：**Do you accept credit cards?**
クレジットカードは使えますか？

あなた：**Yes, but we only accept VISA and MasterCard.**
はい、でも、ご利用いただけるのは VISA と MasterCard のみです。

お客様：**OK.**
わかりました。

あなた：**Please <u>insert</u> your card here and <u>enter</u> your PIN. Here's your <u>customer copy</u>.**
こちらにカードを入れて暗証番号を入力してください。こちらがお客様控えでございます。

お客様：**Where do I <u>sign</u>?**
どこにサインするんですか？

あなた：**We don't need your <u>signature</u> because your payment is <u>less than</u> 3,000 yen.**
お買い上げ 3,000 円未満ですので、サインはご不要です。

4 こちらのカードは、限度額オーバーで使用できません。

Step 1 チャンツで重要単語・表現を覚える))) DL-132

□ 247
max out
▶

~（クレジットカードなど）の利用限度額に達する

□ 248
can't be true
▶

本当であるはずはない

□ 249
other than ~
▶

~以外の、~とは別の

□ 250
debit card
▶

デビットカード、即時決済カード

□ 251
make a phone call
▶

電話する

□ 252
helpful
/hélpfl/
▶

形 役立つ、有益な、助けになる

お客様のクレジットカードが認識されなかった！ 「カードが使えない」と伝えるときも「残念ですが」「申し訳ない」という表現で丁寧な対応を。

Chapter
1
予約・来店

Chapter
2
案内・注文

Chapter
3
料理の提供

Chapter
4
会計・見送り

Chapter
5
トラブル

その他の語彙・フレーズ

Step 2 ダイアログを聞く)) DL-133　　**Step 3** ロールプレイで音読！)) DL-134

あなた：**I'm sorry. We cannot accept this card because it is** <u>maxed out</u>.
申し訳ございません。こちらのカードは、限度額オーバーで使用できません。

お客様：**Oh, really? That** <u>can't be true</u>.
ああ、本当ですか？ そんなはずはないんだけど。

あなた：**I'm afraid so. Do you have any credit cards** <u>other than</u> **this or any** <u>debit cards</u>?
申し訳ありませんが、そのようです。これ以外のクレジットカードか、何かデビットカードはお持ちですか？

お客様：**No, I don't.**
いいえ、持っていないんです。

あなた：**Would you like to call the credit card company to check? I'll** <u>make a phone call</u>.
クレジットカード会社に電話で確認なさいますか？ 今、電話をかけてみます。

お客様：**That would be** <u>helpful</u>, **thank you.**
助かります、ありがとうございます。

5 お会計から10%割引いたします。

□ 253
coupon
/k(j)ú:pɑn | kú:pɔn/
▶

图 割引券、クーポン券、優待券、引換券

□ 254
discount
/dískaunt/
▶

图 割引、値引き

□ 255
Here it is.
▶

(物を差し出して) **さあどうぞ。** / (捜していた物などが) **ここにありました。**

□ 256
tasty
/téisti/
▶

厖 **おいしい、味の良い**

□ 257
My pleasure.
▶

どういたしまして。

□ 258
valid
/vælid/
▶

厖 (チケットなどが) **有効な、効力のある**

会計時にお客様が割引クーポンを提示した。こんなときは、「10%引き」など割引率や、最終的なお支払い金額を伝えられるようにしよう。

Chapter 1 予約・来店

Chapter 2 案内・注文

Chapter 3 料理の提供

Chapter 4 会計・見送り

Chapter 5 トラブル

その他の語彙・フレーズ

Step 2 ダイアログを聞く 》DL-136　　**Step 3** ロールプレイで音読！》DL-137

お客様：**I'd like to use this <u>coupon</u>.**
このクーポンを使いたいのですが。

あなた：**Certainly. It gives you a 10% <u>discount</u> on your bill. So, your total will be 9,000 yen.**
かしこまりました。お会計から10%割引きいたします。では、お会計は 9,000 円でございます。

お客様：<u>**Here it is.**</u>
これでお願いします。

あなた：**9,000 yen, thank you.**
9,000 円、頂戴いたします。

お客様：**It was all <u>tasty</u>. Thank you.**
どれもおいしかったです。ありがとう。

あなた：<u>**My pleasure.**</u> **Here's a coupon you can use the next time. It's <u>valid</u> until May 4.**
どういたしまして。こちらは次回ご利用いただけるクーポンです。5月4日まで有効です。

□ 259
hand-written

手書きの

▶

□ 260
receipt
/risíːt/

名 領収書、レシート

▶

□ 261
address
/ədrés/

動 ~ (郵便物・文書など) に宛名を書く

▶

□ 262
spelling
/spélɪŋ/

名 つづり、スペル

□ 263
paper
/péɪpə(r)/

名 紙、用紙

▶

□ 264
surname
/sə́ː(r)nèɪm/

名 姓、名字

▶

➊last name は口語的な言い方。family name も同義

116 ▶ 117

お客様に手書きの領収書を求められた。宛名に不備があるといけないので、名前のつづりは紙に書いてもらうようお願いしよう。

Chapter 1 予約・来店

Chapter 2 案内・注文

Chapter 3 料理の提供

Chapter 4 会計・見送り

Chapter 5 トラブル

その他の語彙・フレーズ

Step 2 ダイアログを聞く 》DL-139　　**Step 3** ロールプレイで音読！》DL-140

あなた：**Do you need a <u>hand-written receipt</u>?**
手書きの領収書はご入り用ですか？

お客様：**Yes, please.**
はい、お願いします。

あなた：**Who should it be <u>addressed</u> to?**
お宛名はいかがなさいますか？

お客様：**To Gruber, please.**
グルーバー宛てでお願いします。

あなた：**Could you write the <u>spelling</u> on this <u>paper</u>?**
この紙にお宛名のスペルを書いていただけますか？

お客様：**Sure. It's spelled G-R-U-B-E-R. It's a common <u>surname</u> in Austria.**
はい。G-R-U-B-E-Rとつづります。オーストリアではよくある名字なんですよ。

7 それは400円の席料です。

Step 1 チャンツで重要単語・表現を覚える》DL-141

□ 265
remember
/rimémbə(r)/
▶

動 ～を覚えている、 ～を記憶している、 ～を思い出す

□ 266
table charge
▶

席料、テーブルチャージ

□ 267
understand
/ʌndə(r)stǽnd/
▶

動 理解する、 わかる、 了解している
活用 過去・過去分詞：understood /-stúd/

□ 268
service charge
▶

サービス料、手数料

□ 269
consumption tax
▶

(日本の) 消費税

□ 270
total amount
▶

合計金額、総額

お客様にレシートの記載内容について質問されることも。「テーブルチャージ」「サービス料」「消費税」「内税／外税」などの表現を身に付けておこう。

Chapter 1 予約・来店

Chapter 2 案内・注文

Chapter 3 料理の提供

Chapter 4 会計・見送り

Chapter 5 トラブル

その他の語彙・フレーズ

Step 2 ダイアログを聞く))) DL-142　　**Step 3** ロールプレイで音読！))) DL-143

お客様：**Excuse me. I have a question about our bill.**
すみません。伝票について聞きたいことがあるのですが。

あなた：**I'll be with you in a second. What is your question?**
ただ今お伺いいたします。どういったご質問でしょうか？

お客様：**I don't <u>remember</u> if we ordered this. What is this for?**
これを注文したか覚えていないのですが。これは何の料金ですか？

あなた：**It's a <u>table charge</u> of 400 yen. You got an appetizer for the table charge.**
それは 400 円の席料です。席料を頂戴し、前菜をお出ししました。

お客様：**Oh, now I <u>understand</u>. How about this? Is this a <u>service charge</u> or something?**
ああ、なるほど。こちらは何ですか？　サービス料か何かでしょうか？

あなた：**It's the <u>consumption tax</u>. It's included in the <u>total amount</u>. I'm sorry for the confusion.**
それは消費税です。合計金額に含まれています。混乱させてしまい申し訳ございません。

8 またのお越しをお待ちしております。

□ 271
superb
/supə́:(r)b/
▶

形 見事な、**素晴らしい、極上の、優秀な、**（建物などが）**壮麗な**

□ 272
loose change
▶

ばらの小銭

□ 273
way out
▶

出口

□ 274
arrive
/əráiv/
▶

動 **着く、到着する、届く**

□ 275
forget
/fə(r)gét/
▶

動 **～を忘れる、～を思い出せない、～を持ってくるのを忘れる**
活用 過去：forgot /fə(r)gát | fəgɔ́t/ ｜ 過去分詞：forgotten / fə(r)gátn | fəgɔ́tn/, forgot

---

□ 276
hope to ～
▶

～することを望む、～したいと思う

会計を終え、お客様のお見送り。再会を期待する決まり文句、We hope to see you again. を添え、気持ち良く見送ろう。

Chapter
1
予約・来店

Chapter
2
案内・注文

Chapter
3
料理の提供

Chapter
4
会計・見送り

Chapter
5
トラブル

その他の語彙・フレーズ

Step 2 ダイアログを聞く)) DL-145   **Step 3** ロールプレイで音読！)) DL-146

お客様：**The food was <u>superb</u>. Is that 18,120 yen? Here you go.**
料理が素晴らしかったです。1万 8,120 円ですね？　これでお願いします。

あなた：**20,000 yen, thank you.**
2万円、お預かりします。

お客様：**Oh, I have <u>loose change</u>.**
ああ、小銭があります。

あなた：**Thank you. Here's your change. Thank you for your payment. Let me show you the <u>way out</u>.**
ありがとうございます。お釣りでございます。ありがとうございました。出口までご案内いたします。

お客様：**Oh, thank you.**
ああ、ありがとうございます。

あなた：**Your taxi has just <u>arrived</u>. Please don't <u>forget</u> your umbrella. We <u>hope to</u> see you again.**
タクシーがちょうど到着しました。傘のお忘れにご注意ください。またのお越しをお待ちしております。

9　写真をお撮りしましょうか？

□ 277
Would you like me to ～?
▸

～しましょうか？

□ 278
take a picture
▸

写真を撮る

□ 279
squeeze in
▸

（写真撮影などで）**詰めて寄る**

□ 280
lady
/léidi/
▸

图 **女性、ご婦人、女の人**

□ 281
forward
/fɔ́:(r)wə(r)d/
▸

圖 **前方に、前方へ、先に**

□ 282
a bit
▸

少し、いくらか

お客様が自分撮り（セルフィー）しようとしている。そんなときは、「お撮りしましょうか？」と言えると、ぐっとおもてなしの質が上がる。

Chapter 1 予約・来店

Chapter 2 案内・注文

Chapter 3 料理の提供

Chapter 4 会計・見送り

Chapter 5 トラブル

その他の語彙・フレーズ

Step 2 ダイアログを聞く 》DL-148   **Step 3** ロールプレイで音読！》DL-149

お客様：**Zadie, you are not in the picture.**
ゼイディー、君は写真に入っていないよ。

あなた：<u>Would you like me to</u> take the picture for you?
写真をお撮りしましょうか？

お客様：**Oh, thank you.**
ああ、ありがとうございます。

あなた：Everyone, <u>squeeze in</u>. The <u>lady</u> in the white shirt, please move <u>forward</u> a bit.
皆さん、もっと詰めてください。白いシャツを着た女性の方、もう少し前に出てください。

お客様：**Like this?**
こんな感じですか？

あなた：**Yes,** say cheese.
はいそうです、はい、チーズ。

Step **1** チャンツで重要単語・表現を覚える》DL-150

□ 283
business card

ショップカード、(お店の) **名刺**

▸

□ 284
back home

故郷で、家で、本国で

▸

● 名詞の後ろに置かれ、friends back home (故郷の友人たち) のように使われる

□ 285
map
/mæp/

名 地図

▸

□ 286
station
/stéiʃn/

名 (鉄道の) **駅、停車場、**(バスなどの) **発着場**

▸

□ 287
telephone number

電話番号

▸

□ 288
benefit
/bénəfit/

名 特典、利益、恩恵、助けになること(もの)

▸

お客様にお店のショップカードを渡したい！ そんなときは、ショップカードを見せながら記載内容、特典を説明しよう。思わぬ口コミが広まる可能性も!?

Chapter
1
予約・来店

Chapter
2
案内・注文

Chapter
3
料理の提供

Chapter
4
会計・見送り

Chapter
5
トラブル

その他の語彙・フレーズ

Step 2 ダイアログを聞く))) DL-151　　**Step 3** ロールプレイで音読！))) DL-152

あなた：Here's our <u>business card</u>. Could you recommend us to your friends and families <u>back home</u>?
こちらは当店のショップカードです。お国のご友人やご家族に当店を推薦していただけますか？

お客様：Sure, thank you.
もちろんです、ありがとう。

あなた：It has a <u>map</u> from Tokyo <u>Station</u> to here, our address and <u>telephone number</u> on it.
東京駅からここまでの地図と住所、電話番号が載っています。

お客様：That's great. OK.
いいですね。わかりました。

あなた：A customer with this card can get <u>benefits</u>.
このカードをお持ちのお客様は特典を受けることができます。

お客様：May I have some more? I'll give them to my roommates in my dorm.
もう少しいただけますか？ 寮のルームメイトたちにもあげようと思います。

Column 4
言えたら便利!とっさのフレーズ集4

とっさに言えたらお客様の助けになること間違いなし！のフレーズをご紹介。
建物の中を案内する際に役立つひと言をご紹介しましょう。

まっすぐ行って左に曲がってください。
Go straight and turn left.
Turn left at the end.（突き当たりを左です）でも。似た表現で、It's at the far end on the left.（左奥にあります）と言うと、「突き当たり」そのものではなく、「奥の方、向こうの方」というニュアンスになります。

出口を出て右手に見えます。
Go through the exit and you'll see it on your right.
お連れしたいなら、I'll show you if you like.（よろしければ案内します）。ただし、このフレーズは、シチュエーションにより「実際にお連れして案内する」「マップなどを示して説明する」のどちらの意味にもなり得ます。

ペット用品売り場は8階にございます。
The pet product department is on the 8th floor.
「階段を上がった〔下りた〕先にあります」なら、It's up〔down〕the stairs.となります。Please take the elevator〔escalator〕.（エレベーター〔エスカレーター〕をお使いください）とご案内してもいいですね。

あそこの表示に従ってください。
Please follow those signs.
トイレやエレベーターなどを探しているお客様には、建物内にある案内の表示を指さして、その存在を教えてあげましょう。

フロアマップでご案内しましょう。
I'll show you with the floor map.
壁やパンフレットのフロアマップを広げながら、We are here.（私たちはここにいます）、This is that restaurant.（ここがそのレストランです）などと示してあげましょう。

Chapter 5
不手際・トラブルに対応する

この Chapter では、お店側の不手際をフォロー
したり、お客様に注意したりする際などに重要な
フレーズをマスターします。

Chapter
1
予約・来店

Chapter
2
案内・注文

Chapter
3
料理の提供

Chapter
4
会計・見送り

Chapter
5
トラブル対応

その他の語彙・フレーズ

例えばこんなフレーズ!

「トラブル対応」の定番フレーズ

Step 1 ダイアログを聞く ») DL-153   Step 2 ロールプレイで音読！») DL-154

お客様：**Excuse me. My order hasn't come yet.**
すみません。注文した料理がまだ来ていないのですが。

あなた：**Let me check.**
確認いたします。

お客様からの質問に即座に答えられない場合はこのように言ってみよう。Let me go and check in the kitchen. 「調理場に聞いてまいります」も便利（p.81 参照）。余裕があれば下がる前に I'll be right back. 「すぐに戻ります」など一言添えてみよう。

お客様：**I dropped my spoon. Could I have another one?**
スプーンを落としてしまいました。もう1本スプーンをいただけますか？

あなた：**Certainly. Just a minute, please.**
かしこまりました。少々お待ちください。

お客様にお待ちいただくときの定型表現。Just a moment, please. もほぼ同じ意味。電話では Hold on, please. もよく使われる。すでにお客様を待たせている場合は、Could you wait a bit more? 「もう少々お待ちいただけますか？」を使おう。

あなた：**I'm sorry to have kept you waiting. Here's your steak.**
お待たせして申し訳ございません。ステーキでございます。

お客様：**Thank you.**
ありがとうございます。

お客様を待たせてしまった際の謝罪の定型表現。待ち時間が長くなってしまった場合は、「とても」という意味の very を加えて、I'm very sorry to have kept you waiting. と言えば、「お待たせして、大変申し訳ございません」と、より深い謝罪の意味になる。

まずはコレだけ！

Chapter
1
予約・来店

Chapter
2
案内・注文

Chapter
3
料理の提供

Chapter
4
会計・見送り

Chapter
5
トラブル対応

その他の語彙・フレーズ

店側にもお客様側にも起こり得る不手際やミスに対応するには、謝罪や説明、気遣いのフレーズが重要。音声を使って繰り返し練習しよう。

お客様：**(CRASH) Oh-no!**
（ガシャーン）しまった！

あなた：**Are you all right?**
大丈夫ですか？

アクシデントの際、相手の様子を「大丈夫？」と気遣う定型表現。グラスが割れた場合などは、hurt「けがをした」を使って Are you hurt?「おけがはありませんか？」と言っても。片付ける際に使える I'll take care of it.「私に任せてください」も覚えておこう。

お客様：**I found a hair in my ramen.**
ラーメンに髪の毛が入っていました。

あなた：**I'm terribly sorry. We'll make a fresh one right away.**
大変申し訳ございません。すぐに新しいものをお作りいたします。

I'm terribly sorry. は謝罪の定番フレーズ。I'm so sorry.、I'm awfully sorry. も覚えておこう。I'll bring a new one right away.「すぐに新しいものを持ってまいります」は、飲み物や料理が作り置きしてあり、即座に交換できる場合に言ってみよう。

あなた：**Is this hat yours?**
こちらの帽子はお客様のものですか？

お客様：**Oh, yes, it is. Thank you.**
ああ、そうです、私の帽子です。ありがとうございます。

Is this ～ yours?「この～はあなた［お客様］のものですか？」と持ち主を尋ねる表現。「～」に入る語が複数の場合は、this の複数形 these を使って、Are these keys yours?「これらの鍵はお客様のものですか？」などと尋ねよう。

Step 1 チャンツで重要単語・表現を覚える ») DL-155

□ 289
a lot of ～

たくさんの～、多くの～

▸

□ 290
tonight
/tənáit/

圖 今夜（は）

▸

□ 291
in a hurry

急いで、慌てて

▸

□ 292
keep ～ ... ing

～に…し続けさせる

▸

□ 293
boiled
/bɔ́ild/

形 ゆでた、煮た

▸

□ 294
dumpling
/dʌ́mpliŋ/

名 餃子、小麦粉などを練った団子

▸

「料理が来ていない」とお客様から催促が！ 「お待たせして申し訳ございません」と、気持ちを込めて伝えよう。

Chapter
1
予約・来店

Chapter
2
案内・注文

Chapter
3
料理の提供

Chapter
4
会計・見送り

Chapter
5
トラブル対応

その他の語彙・フレーズ

Step 2 ダイアログを聞く 》DL-156 **Step 3** ロールプレイで音読！》DL-157

お客様：**Excuse me. Our order hasn't come yet.**
すみません。注文した料理がまだ来ていないのですが。

あなた：**I'm sorry.** Let me go and check in the kitchen.
申し訳ございません。調理場に聞いてまいります。

お客様：**Thank you.**
お願いします。

あなた：**Sorry for the wait.** We are making it right now. **We have <u>a lot of</u> customers <u>tonight</u>.**
お待たせして申し訳ございません。ただ今作っております。今夜はお客様が多いものですから。

お客様：**OK, we're not <u>in a hurry</u>.**
わかりました、急いでいませんので。

あなた：**I'm sorry to have <u>kept</u> you <u>waiting</u>. Here's your <u>boiled</u> <u>dumplings</u>.**
お待たせして申し訳ございません。水餃子でございます。

2 すぐに新しいものをお作りいたします。

□ 295
tiny
/táini/
▶

形ごく小さい、**ちっちゃな、ごくわずかの**

□ 296
bug
/bʌg/
▶

名虫、**昆虫**、（コンピューター・プログラムの）**バグ、不具合**、（機械の）**故障**

□ 297
terribly
/térəbli/
▶

副とても、**非常に、ひどく**

□ 298
charge A for B
▶

A（人）にBの代金を請求する

□ 299
make sure 〜
▶

〜（ということ）**を確実にする、〜**（ということ）**を確かめる**

□ 300
happen
/hǽpn/
▶

動（偶然）**起こる、生じる**

お客様に出した料理の皿に虫が入っていた！ そんなときは、すぐに料理の交換を。「お代は結構です」などおわびのサービスの表現も覚えよう。

Chapter
1
予約・来店

Chapter
2
案内・注文

Chapter
3
料理の提供

Chapter
4
会計・見送り

Chapter
5
トラブル対応

その他の語彙・フレーズ

Step 2 ダイアログを聞く 》DL-159　　**Step 3** ロールプレイで音読！》DL-160

お客様：**Excuse me.**
すみません。

あなた：**Yes, sir.**
はい、お客様。

お客様：**There are <u>tiny</u> <u>bugs</u> in my sea bream carpaccio.**
タイのカルパッチョに小さな虫が入っているのですが。

あなた：**I'll take your plate. I'm <u>terribly</u> sorry. We'll make a fresh one right away.**
お皿をお下げいたします。大変申し訳ございません。すぐに新しいものをお作りいたします。

お客様：**Yes, please do.**
はい、お願いします。

あなた：**We won't <u>charge</u> you <u>for</u> that item. We'll <u>make sure</u> this doesn't <u>happen</u> again.**
そちらのお代は結構です。今後はこのようなことがないようにいたします。

3　注文を受け間違えておりました。

□ 301
order slip

注文伝票

▶

□ 302
think
/θíŋk/

動 ～と思う、～と考えている
活用 過去・過去分詞：thought /θɔ́:t/

▶

□ 303
strawberry
/strɔ́:bèri | -bəri/

名 イチゴ（の実）

▶

□ 304
a cup of ～

カップ1杯の～

▶

□ 305
get ～ wrong

～を間違える、～を誤解する

▶

□ 306
sometimes
/sʌ́mtàimz/

副 時々、時には

▶

「注文と違うものが来た」というお客様。「伝票を確認する」「すぐに交換する」などトラブル対応時の表現がスムーズに言えるよう練習しておこう。

Chapter 1 予約・来店

Chapter 2 案内・注文

Chapter 3 料理の提供

Chapter 4 会計・見送り

Chapter 5 トラブル対応

その他の語彙・フレーズ

Step 2 ダイアログを聞く))) DL-162   **Step 3** ロールプレイで音読！))) DL-163

あなた：**Here's your cappuccino. I'll be right back with your tart.**
こちらがカプチーノでございます。タルトもすぐにお持ちします。

お客様：**Excuse me. This is not what I ordered.**
すみません。これは注文したものと違うのですが。

あなた：**Let me check the order slip. I thought you ordered one cappuccino and one strawberry tart.**
注文伝票を確認いたします。お客様はカプチーノとストロベリータルトをご注文になったと思うのですが。

お客様：**I ordered a cup of tea and a tart.**
私は紅茶とタルトを注文しました。

あなた：**I'm sorry I got your order wrong. I'll bring it right away.**
申し訳ございません、注文を受け間違えておりました。すぐにお持ちいたします。

お客様：**That's OK. It happens sometimes.**
いいんですよ。時々あることですから。

4　ガラスの破片にご注意ください。

□ 307
hurt
/há:(r)t/
▶

形 けがをして、傷ついて
動 ～を傷つける

□ 308
wipe
/wáip/
▶

動 ～を拭く、～を拭う

□ 309
clean
/klí:n/
▶

動 ～をきれいにする、～を掃除する

□ 310
clothes
/klóuz, klóuðz/
▶

名 衣服、服、着るもの

□ 311
stain
/stéin/
▶

動 ～を汚す、～に染みをつける

□ 312
broken
/bróukən/
▶

形 壊れた、割れた、破れた、故障した

お客様がグラスを割ってしまった。「大丈夫です」「けがはありませんか?」「ご注意ください」などお客様を気遣う表現も覚えておこう。

Chapter 1 予約・来店

Chapter 2 案内・注文

Chapter 3 料理の提供

Chapter 4 会計・見送り

Chapter 5 トラブル対応

その他の語彙・フレーズ

Step 2 ダイアログを聞く ♪ DL-165   **Step 3** ロールプレイで音読! ♪ DL-166

お客様: **Oops! (CRASH)**
あっ! (ガシャーン)

あなた: **Are you hurt? I'll wipe the table.**
おけがはありませんか? テーブルをお拭きします。

お客様: **No, I'm OK. I'm sorry about the glass.**
大丈夫です。グラスはすみませんでした。

あなた: **No problem. Please use this to clean yourself. Your clothes and bag got stained.**
大丈夫です。拭くのにこちらをご利用ください。お洋服とバッグが汚れてしまっていますので。

お客様: **Where? Oh here, thank you.**
どこですか? ああ、ここですね、ありがとう。

あなた: **Please be careful of the broken glass.**
ガラスの破片にご注意ください。

Step 1 チャンツで重要単語・表現を覚える》DL-167

□ 313
disturb
/distá:(r)b/

動 〜を邪魔する、〜をさえぎる、〜を妨害する

□ 314
stay
/stéi/

動 (場所に) とどまる、居る、居続ける

□ 315
crowded
/kráudid/

形 混雑した、混み合った

□ 316
as many 〜 as possible

できるだけ多くの〜

□ 317
have a good time

楽しい時を過ごす

□ 318
a few

いくつかの、いくつかある

➊ in a few minutes で「数分間のうちに」の意味

お客様に退店を促さなければならないときは特に、「申し訳ない」という謝罪の気持ちとともに、上手に理由を説明できるようにしたい。

Chapter 1 予約・来店

Chapter 2 案内・注文

Chapter 3 料理の提供

Chapter 4 会計・見送り

Chapter 5 トラブル対応

その他の語彙・フレーズ

Step 2 ダイアログを聞く))) DL-168　　**Step 3** ロールプレイで音読！))) DL-169

あなた：**Excuse me, sir. I'm sorry for <u>disturbing</u> you.**
お客様。お邪魔して申し訳ございません。

お客様：**Yes.**
はい。

あなた：**I'm afraid we are asking our customers not to <u>stay</u> longer than two hours when it's <u>crowded</u>.**
申し訳ございません、混雑時、お客様の滞在時間は最大2時間とさせていただいております。

お客様：**Oh, is that so?**
あ、そうなんですか？

あなた：**Yes. We'd like <u>as many</u> customers <u>as possible</u> to have a good time at our café.**
はい。できるだけ多くのお客様に当カフェでよい時間を過ごしていただきたいと考えております。

お客様：**I see. I'm leaving in <u>a few minutes</u>.**
わかりました。もうすぐ出ますね。

6 もう少し静かにしていただけるとありがたいのですが。

Step 1 チャンツで重要単語・表現を覚える 》DL-170

□ 319
interrupt
/intərápt/
▸

働 ～の邪魔をする、～に割り込む、～を妨害する

□ 320
lower
/lóuə(r)/
▸

働 ～（量・程度など）を下げる、～を落とす

□ 321
voice
/vɔ́is/
▸

名 （人の）声

□ 322
a little bit
▸

少し、いくらか

□ 323
loud
/láud/
▸

形 （音・声などが）大きい、うるさい

□ 324
conversation
/kànvə(r)séiʃn | kɔ̀nvə-/
▸

名 会話、（打ち解けた）対話

お客様に店内での携帯電話や大声でのおしゃべりなどを慎んでもらいたい。控えめに声を掛け、丁寧に説明する表現を覚えておこう。

Chapter 1 予約・来店

Chapter 2 案内・注文

Chapter 3 料理の提供

Chapter 4 会計・見送り

Chapter 5 トラブル対応

その他の語彙・フレーズ

Step 2 ダイアログを聞く)) DL-171   **Step 3** ロールプレイで音読！)) DL-172

あなた：**Excuse me, ma'am. May I <u>interrupt</u> you for a second?**
お客様。ちょっとよろしいでしょうか？

お客様：**Yes.**
はい。

あなた：**We would appreciate it if you would <u>lower</u> your <u>voice</u> a little bit.**
もう少し静かにしていただけるとありがたいのですが。

お客様：**Oh, I'm sorry I didn't notice our voices getting <u>louder</u>. We were deep in <u>conversation</u>.**
ああ、すみません、声が大きくなっているのに気が付きませんでした。話に夢中になっていたもので。

あなた：**No problem. Would you mind moving your jacket so another customer can sit here?**
いいんですよ。他のお客様が席をご利用になれるよう、上着を動かしていただいてもよろしいですか？

お客様：**No, that's no problem.**
ええ、いいですよ。

Step 1 チャンツで重要単語・表現を覚える 》 DL-173

□ 325
red wine
▶
赤ワイン

□ 326
prove
/prú:v/
▶
動 ~を証明する、~を立証する、~であるとわかる、~と判明する

□ 327
age
/éidʒ/
▶
名 年齢、年

□ 328
passport
/pǽspɔ̀:(r)t | pá:spɔ̀:t/
▶
名 旅券、パスポート

□ 329
alcohol
/ǽlkəhɔ̀:l | ǽlkəhɔ̀l/
▶
名 アルコール飲料、酒

● 発音注意!

□ 330
instead
/instéd/
▶
副 その代わりに、そうではなくて

お客様が注文した品物の提供をお断りする——。まずは謝罪し、お客様の期待に応えられない理由をしっかりと伝えつつ、代案を提案できるようにしよう。

Chapter
1
予約・来店

Chapter
2
案内・注文

Chapter
3
料理の提供

Chapter
4
会計・見送り

Chapter
5
トラブル対応

その他の語彙・フレーズ

Step 2 ダイアログを聞く 》DL-174　　**Step 3** ロールプレイで音読！》DL-175

お客様：**We'll have two draft beers and two glasses of <u>red wine</u>, please.**
生ビール2つと赤のグラスワインを2つください。

あなた：**Certainly. Do you have any IDs that <u>prove</u> your <u>age</u>? We need to check them before we can serve you.**
かしこまりました。年齢を確認できる身分証明書を何かお持ちですか？　ご提供の前に年齢の確認が必要なんです。

お客様：**Sure. I have my <u>passport</u>. Here you are.**
わかりました。パスポートを持っています。はいどうぞ。

あなた：**Thank you. I'm sorry but we can't serve <u>alcohol</u> to anyone under the age of 20 in Japan.**
ありがとうございます。申し訳ございません、日本では20歳未満の方にアルコールを提供することができないんです。

お客様：**Oh, is that so?**
えっ、そうなんですか？

あなた：**I'm afraid it is. Would you like to order some soft drinks <u>instead</u>?**
申し訳ございませんが、そうなんです。代わりに何かソフトドリンクをご注文なさいますか？

8 あちらのお席に移動していただけませんか?

Step 1 チャンツで重要単語・表現を覚える》DL-176

□ 331
lunch
/lʌ́ntʃ/
▶

名 昼食、ランチ

□ 332
busy
/bízi/
▶

形 (場所が) 人や車でいっぱいである、にぎやかな、活気がある、忙しい

□ 333
beautiful
/bjúːtəfl/
▶

形 美しい、良い、心地よい

□ 334
view
/vjúː/
▶

名 景色、風景、景観

□ 335
cooperation
/kouὰpəréiʃn | -ɔ́p-/
▶

名 協力、協調、支援

□ 336
What a ~ !
▶

何という~!／何と~な!

店内が混んできたので、お客様に席移動をお願いしたら、快諾してくれた。
協力に感謝を伝える表現も覚えておこう。

Chapter 1 予約・来店

Chapter 2 案内・注文

Chapter 3 料理の提供

Chapter 4 会計・見送り

Chapter 5 トラブル対応

その他の語彙・フレーズ

Step 2 ダイアログを聞く 》DL-177　　**Step 3** ロールプレイで音読！》DL-178

あなた：**I'm sorry for interrupting your <u>lunch</u>.
May I ask you to move to that table?**
お食事中に申し訳ございません。あちらのお席に移動していただけませんか？

お客様：**Sure. I can see it's getting <u>busy</u>.**
もちろんです。混んできましたからね。

あなた：**Yes, thank you. It has a <u>beautiful
view</u> over the Lake Biwa area there.**
はい、ありがとうございます。あちらのお席からは琵琶湖方面を望むすてきな景色をご覧いただけます。

お客様：**That's wonderful.**
それは素晴らしいですね。

あなた：**Thank you for your <u>cooperation</u>. I'll
move your dishes to the table.**
ご協力ありがとうございます。お料理は私がお席にお運びいたします。

お客様：**OK, thank you. Oh, <u>what a</u> view!**
わかりました、ありがとう。ああ、いい眺めですね！

9 正しい金額は1,730円でございます。

Step 1 チャンツで重要単語・表現を覚える》DL-179

□ 337
look like ~

▶

~のように見える、~しそうだ、~であるように思われる

□ 338
ice cream

▶

アイスクリーム

□ 339
milk
/mílk/

▶

图 牛乳、ミルク

□ 340
be supposed to ~

▶

(規則・習慣・約束などで) ~することになっている、~するはずである、~するつもりである

□ 341
recalculate
/rikǽlkjəlèit/

▶

動 ~を計算し直す

□ 342
correct
/kərékt/

▶

形 正確な、正しい、適切な

会計時に金額を間違えたことをお客様に指摘されてしまった。提供したメニューを確認する表現や、数字を読むことにも慣れておきたい。

Chapter
1
予約・来店

Chapter
2
案内・注文

Chapter
3
料理の提供

Chapter
4
会計・見送り

Chapter
5
トラブル対応

その他の語彙・フレーズ

Step 2 ダイアログを聞く)) DL-180   **Step 3** ロールプレイで音読！)) DL-181

....

お客様：**Excuse me. It <u>looks like</u> the total is wrong.**
すいません。合計金額が間違っているようなんですが。

あなた：**Just a second. Let me check.**
少々お待ちください。確認いたします。

お客様：**Yes, please.**
はい、お願いします。

あなた：**You had one curry and rice, one vanilla <u>ice cream</u> and one <u>milk</u> tea, is that right?**
お客様がお召し上がりになったのは、カレーライス、バニラアイスクリーム、ミルクティーで間違いございませんか？

お客様：**Yes, and it<u>'s supposed to</u> be 1,730 yen.**
はい、それで 1,730 円のはずなのですが。

あなた：**I'll <u>recalculate</u> it. I'm sorry, you're right. The <u>correct</u> total is 1,730 yen.**
計算し直してみます。申し訳ございません、お客様のおっしゃるとおりです。正しい金額は 1,730 円でございます。

Step **1** チャンツで重要単語・表現を覚える》DL-182

□ 343
stop ～ ing
～することをやめる
▶

□ 344
rain
/réin/
動 雨が降る
名 雨
▶

□ 345
slippery
/slípəri/
形 （床・道などが）**滑りやすい、つるつる滑る、**（物が）**つかみにくい**
▶

□ 346
outside
/àutsáid, -‑/
副 **外は**
▶

□ 347
take care
気を付ける、**注意する**
▶

□ 348
visit
/vízit/
名 **訪問、見物、見学**
動 **～を訪れる**
▶

お客様の忘れ物に気付き、とっさに呼び止めた。急に相手を呼び止めなければならない場合の呼びかけ方や、見送る際の表現も増やしておこう。

Chapter 1 予約・来店

Chapter 2 案内・注文

Chapter 3 料理の提供

Chapter 4 会計・見送り

Chapter 5 トラブル対応

その他の語彙・フレーズ

Step 2 ダイアログを聞く))) DL-183   **Step 3** ロールプレイで音読！))) DL-184

お客様：**Both the food and the service were excellent. Thank you.**
料理もサービスも最高でした。ありがとうございます。

あなた：**Excuse me, sir! Is this umbrella yours?**
あ、お客様！ こちらの傘はお客様のものではございませんか？

お客様：**Yes, it is. Thank you.**
ああ、そうです。ありがとうございます。

あなた：**You're welcome. It has <u>stopped raining</u>, but it's still <u>slippery</u> outside. Please <u>take care</u>.**
どういたしまして。雨はやみましたが、外はまだ滑りやすくなっております。お気を付けください。

お客様：**Thank you so much. Goodbye.**
本当にありがとうございました。さようなら。

あなた：**Thank you. We look forward to your next <u>visit</u>.**
ありがとうございました。またのお越しをお待ちしております。

Step 1 チャンツで重要単語・表現を覚える》DL-185

□ 349
yesterday
/jéstə(r)dèi, -di/
▶

名 昨日
副 昨日は

□ 350
black
/blǽk/
▶

形 黒い、黒色の
名 黒

□ 351
brown
/bráun/
▶

形 茶色の、褐色の
名 茶色

□ 352
yellow
/jélou/
▶

名 黄色
形 黄色い、黄色の

□ 353
be able to ～
▶

～することができる、～する能力がある

□ 354
come by
▶

立ち寄る

お客様に忘れ物を取りに来てもらうようお願いしたい。お店に非がなくても、再来店をお願いする場合は丁寧に依頼しよう。

Chapter
1
予約・来店

Chapter
2
案内・注文

Chapter
3
料理の提供

Chapter
4
会計・見送り

Chapter
5
トラブル対応

その他の語彙・フレーズ

Step 2 ダイアログを聞く 》DL-186   **Step 3** ロールプレイで音読！》DL-187

お客様：**I think I left a scarf at your restaurant. I had lunch there <u>yesterday</u> afternoon.**
スカーフをそちらのレストランに忘れたようです。昨日の午後にランチをいただきました。

あなた：**What color is your scarf?**
スカーフは何色でしょうか？

お客様：**It's <u>black</u> and <u>brown</u> check, with a little bit of <u>yellow</u>.**
黒と茶色のチェック柄で、少し黄色も入っています。

あなた：**Could you wait for a moment, please. Yes, we have it here.**
少々お待ちください。はい、こちらにございます。

お客様：**What a relief!**
ああ、よかった！

あなた：**Will you <u>be able to</u> <u>come by</u> to get it?**
取りにいらっしゃることは可能ですか？

Column 5
言えたら便利!とっさのフレーズ集5

道案内
(屋外)編

とっさに言えたらお客様の助けになること間違いなし!のフレーズをご紹介。
屋外の道案内をする時に役立つフレーズです。

道なりに進んでください。
Please follow the path.

path の代わりに road と言っても構いません。その後、It's past the library on the right-hand side.(図書館を過ぎて右手にあります)などと添えると、より親切。「右手に」は、on the right でもOK。

⋯⋯⋯

2つめの交差点を左に曲がってください。
Turn left at the 2nd intersection.

Turn right at ABC Street.(ABC 通りを右に曲がってください)といった言い方も。信号を渡った先にあるなら、It's right there after you cross the light.(その信号を渡ったすぐ先にあります)と言えます。

⋯⋯⋯

郵便局の隣にあります。
It's beside the post office.

across from ~(~の向かいに)、diagonally across from ~(~の斜め向かいに)、in front of ~(~の前に)、behind ~(~の後ろに)、near ~(~の近くに)などの位置関係を表す表現も覚えておきましょう。

⋯⋯⋯

店名のある大きな赤い看板が目印です。
Look for the large, red billboard with the store name on it.

英文の直訳は「店名のある大きな赤い看板を探してください」。目印に当たる英語は landmark ですが、日本語と違って The landmark is ... とは言いません。Look for ~で「~が目印ですよ」と覚えましょう。

⋯⋯⋯

スマートフォンで調べますね。
I'll check it on my smartphone.

説明が複雑そうだったり、あなたが知らない場所を探していると言われたら、このフレーズ。そのうえで、余裕があるなら、Shall I come with you?(一緒に行ってあげましょうか?)と案内できれば、確実ですね。

巻末リスト

覚えておきたい重要な語彙、本書で取り
上げた基本語句、そしてフレーズをまと
めました。語彙力の強化や、実力の見直
しなどに利用しましょう。

関連語彙リスト
（P.154 ～）

ここまでで取り上げた以外
に、接客のために覚えてお
きたい重要な語彙をまとめ
ました。本書のフレーズを
実際の場面に応じてフレー
ズの一部を入れ替えて使い
ましょう。

基本語句リスト
（P.162 ～）

本書で紹介した基本単語と
熟語をアルファベット順に
並べました。各項目の数字
は、通し番号と掲載ページ
数です。意味を覚えて正し
く使えるか、確認しましょう。

基本フレーズリスト
（P.170 ～）

本書で紹介した「あなた」
のフレーズを訳文の五十音
順で並べました。各項目の
数字は、掲載ページです。
本編で色字のものは、色字
で表示しています。

関連語彙リスト

数字　》DL-188

- □ 0　zero
- □ 1　one
- □ 2　two
- □ 3　three
- □ 4　four
- □ 5　five
- □ 6　six
- □ 7　seven
- □ 8　eight
- □ 9　nine
- □ 10　ten
- □ 11　eleven
- □ 12　twelve
- □ 13　thirteen
- □ 14　fourteen
- □ 15　fifteen
- □ 16　sixteen
- □ 17　seventeen
- □ 18　eighteen
- □ 19　nineteen
- □ 20　twenty
- □ 21　twenty-one
- □ 22　twenty-two
- □ 23　twenty-three
- □ 30　thirty
- □ 40　forty
- □ 50　fifty
- □ 60　sixty
- □ 70　seventy
- □ 80　eighty
- □ 90　ninety

- □ 100　one hundred
- □ 1,000　one thousand
- □ 10,000　ten thousand
- □ 100,000　one hundred thousand
- □ 1,000,000　one million

月　》DL-189

- □ 1月　January
- □ 2月　February
- □ 3月　March
- □ 4月　April
- □ 5月　May
- □ 6月　June
- □ 7月　July
- □ 8月　August
- □ 9月　September
- □ 10月　October
- □ 11月　November
- □ 12月　December

日　》DL-190

- □ 1日　1st (first)
- □ 2日　2nd (second)
- □ 3日　3rd (third)
- □ 4日　4th (fourth)
- □ 5日　5th (fifth)
- □ 6日　6th (sixth)
- □ 7日　7th (seventh)
- □ 8日　8th (eighth)
- □ 9日　9th (ninth)
- □ 10日　10th (tenth)
- □ 11日　11th (eleventh)
- □ 12日　12th (twelfth)
- □ 13日　13th (thirteenth)
- □ 14日　14th (fourteenth)

- ☐ 15日　15th (fifteenth)
- ☐ 16日　16th (sixteenth)
- ☐ 17日　17th (seventeenth)
- ☐ 18日　18th (eighteenth)
- ☐ 19日　19th (nineteenth)
- ☐ 20日　20th (twentieth)
- ☐ 21日　21st (twenty-first)
- ☐ 30日　30th (thirtieth)
- ☐ 31日　31st (thirty-first)

曜日　　　　　　　　　　　))DL-191

- ☐ 月曜日　Monday
- ☐ 火曜日　Tuesday
- ☐ 水曜日　Wednesday
- ☐ 木曜日　Thursday
- ☐ 金曜日　Friday
- ☐ 土曜日　Saturday
- ☐ 日曜日　Sunday

時刻·時間帯　　　　　　　))DL-192

- ☐ 時間　hour
- ☐ 分　minute
- ☐ 秒　second
- ☐ 〜時　o'clock
- ☐ 午前〜時　〜 a.m.
- ☐ 午後〜時　〜 p.m.
- ☐ 正午　noon
- ☐ 夜の12時　midnight
- ☐ 〜時に　at 〜
- ☐ 〜時15分　quarter past 〜
- ☐ 〜時半　half past 〜
- ☐ 〜時15分前　quarter to 〜
- ☐ 〜時から…時まで　from 〜 to ...
- ☐ 〜時まで　until 〜, till 〜
- ☐ 〜時前に　before 〜

- ☐ 〜時過ぎに　after 〜
- ☐ 朝早く　early in the morning
- ☐ 午前中に　in the morning
- ☐ 午後に　in the afternoon
- ☐ 夕方に　in the evening
- ☐ 夜遅く　late at night
- ☐ 24時間　24 hours a day
- ☐ 終日　all day

営業時間　　　　　　　　))DL-193

- ☐ 営業時間　business hours
- ☐ 24時間営業　open 24 hours a day
- ☐ 年中無休　open all year round
- ☐ 定休日　regular holiday
- ☐ 臨時休業　temporary closing
- ☐ 営業中　open
- ☐ 準備中　closed
- ☐ 朝食営業時間　breakfast hours
- ☐ ランチタイム　lunch hours
- ☐ ディナータイム　dinner hours
- ☐ カフェタイム　café hours
- ☐ ラストオーダー(飲み物)　last drink order
- ☐ ラストオーダー(食べ物)　last food order

予約　　　　　　　　　　))DL-194

- ☐ 予約　reservation
- ☐ 予約日　date of reservation
- ☐ 予約する　reserve, book
- ☐ 追加する　add
- ☐ 変更する　change
- ☐ キャンセルする　cancel
- ☐ キャンセル料　cancellation fee
- ☐ 利用可能な　available

席・部屋の種類　　》DL-195

- □ 席　table, seat
- □ テーブル席　Western-style seat
- □ カウンター席　counter seat
- □ ボックス席　booth
- □ テラス席　terrace seat
- □ 窓際の席　table by the window
- □ 禁煙席　non-smoking section
- □ 喫煙席　smoking section
- □ 相席する　share a table
- □ 座敷　Japanese-style room
- □ 個室　private room
- □ 宴会室　party room

メニュー　　》DL-196

- □ 食事　food
- □ 飲み物　drink
- □ セットの飲み物　combo drink
- □ ～が付いている　come with ～, include ～
- □ 食べ放題　all-you-can-eat
- □ 飲み放題　all-you-can-drink
- □ おかわり自由　free refills
- □ 大盛　large serving
- □ 並盛　regular serving
- □ 小盛　small serving
- □ バイキング　buffet
- □ 本日の～　～ of the day, today's ～
- □ おすすめ　recommendation
- □ コース料理　full-course meal
- □ 一品料理　a la carte dish
- □ 定食　set menu
- □ 前菜　appetizer, starter
- □ メイン　main dish, main course

- □ スープ　soup
- □ サラダ　salad
- □ パン　bread
- □ ライス　rice
- □ デザート　dessert
- □ サイドメニュー　side dish, accompaniments
- □ ベジタリアン向けの料理　vegetarian dishes, vegetarian food
- □ ヴィーガンの　vegan
- □ ハラルの　halal
- □ オーガニックの　organic
- □ グルテンフリーの　gluten-free
- □ ポークフリーの　pork-free
- □ ノンアルコールの　alcohol-free
- □ 遺伝子組み換えでない　Non-GMO (Genetically Modified Organism)
- □ 食物アレルギー　food allergies
- □ 松セット　extra-special set
- □ 竹セット　special set
- □ 梅セット　regular set

日本の食べ物　　》DL-197

- □ 干物　dried fish
- □ かまぼこ　boiled fish cake
- □ 抹茶　powdered green tea
- □ 梅干し　pickled plum
- □ 漬物　pickles
- □ 納豆　natto, fermented soybeans
- □ 豆腐　tofu, soybean curd
- □ 酒粕　sake lees
- □ 麹　malt
- □ 白玉　rice-flour dumplings
- □ 黒蜜　Japanese molasses, dark syrup

- □ あんこ　sweet bean paste
- □ おから　tofu lees
- □ かき氷　shaved ice
- □ せんべい　rice cracker
- □ どら焼き　sweet bean paste pancake
- □ もち　mochi, Japanese rice cake
- □ ようかん　sweet bean jelly

料理　》DL-198

- □ 刺身　sashimi, sliced raw fish
- □ 寿司　sushi
- □ 天ぷら　tempura, deep-fried seafood and vegetables
- □ そば　soba, buckwheat noodles
- □ おにぎり　rice ball
- □ 粥　rice porridge
- □ 牛丼　beef bowl, a bowl of rice topped with cooked beef
- □ かつ丼　a bowl of rice topped with a pork cutlet covered with egg
- □ 親子丼　a bowl of rice topped with chicken mixed with egg
- □ 海鮮丼　a bowl of rice topped with seafood
- □ 天丼　a bowl of rice topped with tempura
- □ うな重　barbecued eel on rice served in a lacquered box
- □ 炊き込みご飯　rice cooked with vegetables and seasoning
- □ チャーハン　Chinese fried rice
- □ パエリア　paella
- □ 和定食　a meal of various Japanese dishes

- □ 焼き魚　grilled fish
- □ お新香　pickled vegetables
- □ お吸い物　Japanese clear soup
- □ みそ汁　miso soup
- □ 茶碗蒸し　savory egg custard
- □ 温泉卵　a soft-boiled egg made in a hot spring
- □ 刺身の盛り合わせ　assorted sashimi
- □ 天ぷらの盛り合わせ　assorted tempura
- □ 鍋　a dish cooked on the table and served in a pot
- □ しゃぶしゃぶ　sliced meat cooked briefly in boiling water and dipped in sauce
- □ すき焼き　beef and vegetable stew cooked briefly at the table
- □ 焼肉　grilled meat
- □ 焼き鳥　grilled chicken skewer
- □ からあげ　deep-fried chicken
- □ とんかつ　pork cutlet
- □ ラーメン　ramen, Chinese noodles
- □ つけ麺　noodles and broth served separately
- □ 餃子　Chinese dumpling, pot sticker
- □ 焼きそば　fried noodles with meat and vegetables
- □ お好み焼き　Japanese pancake
- □ たこ焼き　dumpling made with chopped octopus
- □ もつ煮込み　cooked innards
- □ イカの塩辛　salted squid guts
- □ コロッケ　croquette

□ メンチカツ　minced meat cutlet
□ ハンバーグ　hamburger steak
□ ローストビーフ　roast beef
□ エビフライ　deep-fried prawn
□ カキフライ　deep-fried oyster
□ グラタン　gratin
□ カレーライス　curry and rice
□ ハヤシライス　rice with hashed beef
□ オムライス　fried rice wrapped in a thin omelet
□ スパゲティー　spaghetti
□ パスタ　pasta
□ カルボナーラ　carbonara
□ ペペロンチーノ　spaghetti with garlic, oil, and chili
□ ナポリタン　spaghetti with tomato sauce
□ ポテトサラダ　potato salad
□ トスサラダ　tossed salad
□ シーザーサラダ　Caesar salad
□ 野菜スープ　vegetable soup
□ コーンスープ　corn soup
□ ポタージュ　potage
□ チキンスープ　chicken soup
□ オニオンスープ　onion soup
□ ブイヤベース　bouillabaisse
□ ミネストローネ　minestrone
□ クラムチャウダー　clam chowder
□ ポトフ　pot-au-feu
□ お子様ランチ　special dish for children
□ 郷土料理　local food specialties
□ 懐石料理　a series of elegant Japanese dishes

□ 精進料理　vegetarian meal
□ 海鮮料理　seafood dishes
□ 日本料理　Japanese food
□ 中華料理　Chinese food
□ 韓国料理　Korean food
□ タイ料理　Thai food
□ ベトナム料理　Vietnamese food
□ インド料理　Indian food
□ エスニック料理　ethnic food
□ イタリア料理　Italian food
□ フランス料理　French food
□ スペイン料理　Spanish food
□ メキシコ料理　Mexican food

飲み物　　　　　　　》DL-199

□ 日本酒　sake
□ 生酒　unpasteurized sake
□ 冷酒　cold sake
□ 熱燗　hot sake
□ 焼酎　shochu, distilled spirit
□ 生ビール　draft beer
□ 瓶ビール　bottled beer
□ 梅酒　plum liquer
□ 赤ワイン　red wine
□ 白ワイン　white wine
□ ウイスキー　whiskey
□ カクテル　cocktail
□ ミネラルウォーター　mineral water
□ アイスコーヒー　iced coffee
□ エスプレッソ　espresso
□ カプチーノ　cappuccino
□ ココア　hot chocolate, cocoa
□ 紅茶　tea
□ 緑茶　green tea
□ 玄米茶　green tea brewed with

roasted rice
- ☐ ほうじ茶　roasted tea
- ☐ 麦茶　barley tea
- ☐ ウーロン茶　oolong tea
- ☐ ソーダ　soda
- ☐ メロンソーダ　green soda
- ☐ ジュース　juice

食材　　　　　　　　))DL-200

- ☐ 材料　ingredients
- ☐ 野菜　vegetable
- ☐ 果物　fruit
- ☐ 魚介類　seafood
- ☐ 魚　fish
- ☐ 貝　shellfish
- ☐ 肉　meat
- ☐ 加工肉　processed meat
- ☐ 乳製品　dairy products
- ☐ アボカド　avocado
- ☐ キュウリ　cucumber
- ☐ ゴーヤ　bitter gourd
- ☐ サツマイモ　sweet potato
- ☐ ジャガイモ　potato
- ☐ サトイモ　taro
- ☐ シイタケ　shiitake mushroom
- ☐ タケノコ　bamboo shoot
- ☐ タマネギ　onion
- ☐ カボチャ　pumpkin
- ☐ カブ　turnip
- ☐ ダイコン　daikon radish
- ☐ トウモロコシ　corn
- ☐ トマト　tomato
- ☐ ナス　eggplant
- ☐ ニンジン　carrot
- ☐ カリフラワー　cauliflower

- ☐ キャベツ　cabbage
- ☐ ハクサイ　Chinese cabbage
- ☐ レタス　lettuce
- ☐ ピーマン　green pepper
- ☐ パプリカ　paprika
- ☐ ブロッコリー　broccoli
- ☐ ホウレンソウ　spinach
- ☐ チンゲンサイ　bok choy
- ☐ ニラ　Chinese chive
- ☐ モヤシ　bean sprouts
- ☐ レンコン　lotus root
- ☐ ゴボウ　burdock
- ☐ 長ネギ　scallion
- ☐ 青ジソ　shiso leaf
- ☐ セロリ　celery
- ☐ ニンニク　garlic
- ☐ ラッキョウ　shallot
- ☐ ショウガ　ginger
- ☐ イチゴ　strawberry
- ☐ ウメ　Japanese plum
- ☐ サクランボ　cherry
- ☐ ブドウ　grape
- ☐ カキ　persimmon
- ☐ リンゴ　apple
- ☐ オレンジ　orange
- ☐ ミカン　mandarin orange, satsuma orange
- ☐ ナシ　Japanese pear
- ☐ スイカ　watermelon
- ☐ マンゴー　mango
- ☐ パイナップル　pineapple
- ☐ モモ　peach
- ☐ ユズ　yuzu citrus fruit
- ☐ バナナ　banana
- ☐ イチジク　fig

□ レモン　lemon	□ 鶏肉　chicken
□ ライム　lime	□ 豚肉　pork
□ アジ　horse mackerel	□ 羊肉　mutton
□ イワシ　sardine	□ 仔羊の肉　lamb
□ ウナギ　eel	□ 鴨肉　duck
□ アナゴ　conger eel	□ レバー　liver
□ マグロ　tuna	□ ロース　loin
□ カツオ　bonito	□ ヒレ　fillet
□ カレイ　flounder	□ 砂肝　gizzard
□ サケ　salmon	□ ナンコツ　cartilage
□ サバ　mackerel	□ 霜降り肉　marbled meat
□ サンマ　saury	□ 赤身肉　lean meat
□ タイ　sea bream, snapper	□ 熟成肉　aged meat
□ タラ　cod	□ ひき肉　minced meat
□ フグ　blowfish	□ 白米　white rice
□ ハマチ　yellowtail	□ 玄米　brown rice
□ ヒラメ　flatfish, sole	□ 片栗粉　potato starch
□ エイ　ray	□ 小麦粉　flour
□ ニシン　herring	□ 大豆　soybean
□ 数の子　herring roe	□ 小豆　red bean
□ イクラ　salmon roe	□ 卵　egg
□ エビ　shrimp	□ ゴマ　sesame
□ イセエビ　lobster	□ 豆乳　soy milk
□ クルマエビ　prawn	□ 牛乳　milk
□ タコ　octopus	□ 生クリーム　fresh cream
□ イカ　squid	
□ カニ　crab	**食器類**　　　　　》DL-201
□ カキ　oyster	
□ ウニ　sea urchin	□ 皿　plate
□ アサリ　short-necked clam	□ 取り皿　individual plate
□ ワカメ　wakame seaweed	□ 受け皿　saucer
□ アワビ　abalone	□ ナイフ　knife
□ ホタテ　scallop	□ フォーク　fork
□ タラコ　cod roe	□ スプーン　spoon
□ 牛肉　beef	□ 箸　chopsticks
	□ 割り箸　disposable chopsticks

- □ 箸置き chopstick rest
- □ トング tongs
- □ ようじ toothpick
- □ おわん (soup) bowl
- □ ごはん茶わん rice bowl
- □ どんぶり bowl
- □ 急須 tea pot
- □ 湯のみ teacup
- □ カップ cup
- □ グラス glass
- □ とっくり sake bottle
- □ おちょこ small sake cup
- □ ピッチャー pitcher
- □ お盆 tray
- □ 温かいおしぼり hot towel
- □ 冷たいおしぼり cool towel
- □ 紙ナプキン paper napkin
- □ マドラー stirrer
- □ ストロー straw
- □ コースター coaster
- □ しょうゆさし soy sauce dispenser

会計　　　　　　　　　》DL-202

- □ 合計 total
- □ 小計 subtotal
- □ 消費税 consumption tax
- □ 税抜きで excluding tax, without tax
- □ 税込みで including tax
- □ レジ checkout counter, register
- □ 伝票 check
- □ 現金 cash
- □ 現金で支払う pay in cash
- □ 電子マネー electronic money
- □ クレジットカード credit card
- □ クレジットカードで支払う pay by credit card
- □ トラベラーズチェック traveler's check
- □ 硬貨 coin
- □ 紙幣 bill
- □ おつり change
- □ レシート receipt
- □ お客様控え customer copy
- □ 両替機 change machine
- □ カード読み取り機 card reader
- □ 暗証番号 PIN (Personal Identification Number)
- □ サイン signature
- □ 期限切れで expired
- □ クーポン coupon, voucher, discount ticket
- □ ～％割引 ～ % discount
- □ ～円引き ～ yen discount

基本語句リスト

基本フレーズリスト

ち

つ

て

と

聞いてマネしてどんどん覚える

新装版 キクタン 接客英会話 【飲食編】

書名	新装版 キクタン接客英会話【飲食編】
発行日	2017年9月6日（初版） 2024年4月19日（新装版）
企画・編集	株式会社アルク 出版編集部
協力	広瀬直子、山神制作研究所
英文作成・校正	日本アイアール株式会社、大塚智美
アートディレクション	細山田光宣
デザイン	ジョ・ユンボム、杉本真夕（細山田デザイン事務所）
イラスト	shimizu masashi（gaimgraphics）
ナレーション	Jack Merluzzi、Howard Colefield、Rachel Walzer Edith Kayumi、水月優希、高橋大輔
音楽制作	H. Akashi
録音・編集	一般財団法人英語教育協議会（ELEC）
DTP	株式会社秀文社
印刷・製本	シナノ印刷株式会社
発行者	天野智之
発行所	株式会社アルク

〒102-0073　東京都千代田区九段北4-2-6 市ヶ谷ビル
Website：https://www.alc.co.jp/

地球人ネットワークを創る

アルクのシンボル
「地球人マーク」です。